Finanzielle Freiheit:

Durch ETFs, Aktienfonds, Daytrading und Einzelakttien gezielt ein Vermögen aufbauen

Bonus:

Tipps und Tricks für den Vermögensaufbau

Kornelius Solberg

1. Auflage

2021

ISBN: 9798709430693

EINLEITUNG 1

ETFS UND AKTIENFONDS FÜR EINSTEIGER 2

AN DER BÖRSE INVESTIEREN: GUTE GRÜNDE FÜR DEN VERMÖGENSAUFBAU 4

DAS FINANZ-ABC: VON AKTIEN BIS ZUR RENDITE 7

AKTIEN 8
AKTIENFONDS 10
ANLEIHEN 12
BULLENMARKT UND BÄRENMARKT 14
BÖRSE 16
DAX 18
DEPOT 20
ETFS 22
FESTGELD 24
RENDITE 25

RISIKEN EINSCHÄTZEN: DIESES RISIKO IST VORHANDEN27

INVESTITIONEN FÜR EINSTEIGER: DARUM LOHNEN SICH ETFS UND AKTIENFONDS 32

EINMALANLAGE ODER SPARPLAN? BEWUSST ENTSCHEIDEN 36

STEUERN ODER DOCH NICHT? DIE WICHTIGSTEN INFORMATIONEN 44

AKTIENFONDS: TIPPS UND TRICKS ZUR ANLAGE UND RICHTIGEN AUSWAHL 47

ETFS: TIPPS UND TRICKS ZUR ANLAGE UND RICHTIGEN AUSWAHL 51

KEINE ANGST VOR KRISEN: WARUM EIN BÖRSENCRASH EINE CHANCE IST 58

ICH BRAUCHE MEIN GELD – DIE ENTSPARPHASE 60

SCHLUSSWORT ZU ETFS UND AKTIENFONDS 67

BONUS: ZEHN TIPPS FÜR DEN VERMÖGENSAUFBAU . 69

EINZELAKTIEN: WARUM? 76

INVESTITION IN AKTIEN: DARUM LOHNT ES SICH 78

EINZELAKTIEN, DIVIDENDENAKTIEN ODER IPOS? 80

AKTIEN 81
DIVIDENDENAKTIEN 83
IPOS– INITIAL PUBLIC OFFERINGS 85

CHANCEN UND RISIKEN – EIN BLICK AUF DIE GESCHICHTE DER BÖRSE 87

WANN KAUFEN? DER ZEITPUNKT UND DIE CHANCEN 96

RISIKEN ERKENNEN – WELCHE AKTIE PASST ZU MIR? 98

DER AKTIENKAUF: DEPOTS, STEUERN UND DIE INVESTITIONSHÖHE 102

FINANZIELLE FREIHEIT DURCH DIE INVESTITION IN AKTIEN 109

EINZELAKTIEN IM FOKUS: ZWISCHEN RISIKO UND SICHERHEIT 110
DIVIDENDENAKTIEN IM FOKUS: SICHERHEIT UND STABILE ERTRÄGE 114
IPOS IM FOKUS: CHANCEN UND RISIKEN DER BÖRSENNEULINGE 118

DIESE KENNZAHLEN BRAUCHST DU FÜR DEN AKTIENKAUF! 125

ZEHN WICHTIGE TIPPS FÜR DIE INVESTITION IN AKTIEN131

SCHLUSSWORT ZU EINZELAKTIEN UND IPOS 141

DAYTRADING: SINNVOLL ODER NICHT? 143

WAS IST DAYTRADING?... 145

WOMIT HANDELT EIN DAYTRADER? 151

CHANCEN UND RISIKEN: KURZFRISTIG GELD BEIM DAYTRADING VERDIENEN 164

MINDSET: EIN WICHTIGER PUNKT BEIM DAYTRADING168

RISIKEN RICHTIG EINSCHÄTZEN LERNEN 169
DIE BEDEUTUNG DER PERSÖNLICHEN VERFASSUNG 172
WISSEN MACHT DEN UNTERSCHIED – DIE EINSTELLUNG ERFOLGREICHER DAYTRADER 173

STRATEGIEN FÜR ANGEHENDE DAYTRADER............ 175

KLASSISCHE ANFÄNGERFEHLER: DARUM SCHEITERN VIELE DAYTRADER 185

SCHLUSSWORT ZUM DAYTRADING......................... 198

FAZIT 200

URHEBERRECHT 203

IMPRESSUM 204

EINLEITUNG

Du wünschst dir die finanzielle Freiheit und möchtest sparen – jedoch dabei auch dein Geld vermehren? Dann sind Tagesgeldkonten, Sparbücher oder das früher beliebte Festgeld keine Option mehr. Heutzutage führt der Weg zu einem Vermögen oder zur finanziellen Freiheit entweder über ein selbst aufgebautes Unternehmen. Oder über die Börse! Denn der Wertpapierhandel wird noch immer unterschätzt, ein wenig gefürchtet und stellt doch eine gute Option für jedes Budget dar.

Wenn du nur 25, 50 oder 100 Euro im Monat entbehren kannst, dabei eher große Risiken scheust und langfristig denkst, wirst du vor allem mit ETFs glücklich. Natürlich gibt es keine wirkliche Sicherheit, doch die Entwicklung in den letzten 10 oder 20 Jahren war hier mehr als nur positiv. Traust du dir hingegen mehr zu und hast vielleicht auch etwas mehr Geld zur Verfügung, dann könnten Aktien einzelner Unternehmen oder sogar das Daytrading das Richtige sein.

In diesem Buch findest du eine ausführliche Erklärung der verschiedenen Anlegeformen an der Börse, die interessant sein könnten. Lerne wichtige Begriffe und Kennzahlen kennen und erfahre, welche Anfängerfehler dir gar nicht erst passieren müssen. Nach dem Lesen kennst du die Unterschiede zwischen IPOs und Dividendenaktien, weißt was mit Hebeln und mit KVGs gemeint ist. Lerne wichtige Begriffe sowie alle Tipps und Tricks für einen erfolgreichen Einstieg. Praktische Beispiele zeigen dir direkt, welche Möglichkeiten sich beim Wertpapierhandel ergeben. Selbst ohne die Anfangszeiten des MSCI World oder der Amazon, Facebook oder Microsoft Aktien kannst du bei Investitionen sehr hohe Gewinne erzielen. Du musst nur wissen wie!

Jetzt wünsche ich dir erst einmal viel Spaß beim Lesen und viel Erfolg beim

Investieren – du wirst sehen, nach den ersten Gewinnen macht der Wertpapierhandel direkt noch viel mehr Freude!

ETFS UND AKTIENFONDS FÜR EINSTEIGER

Die Zeiten hoher Zinsen mit 3 bis 4 Prozent beim Tagesgeldkonto oder mit gutverzinsten Sparbüchern sind längst vorbei. Durch die Nullzinspolitik sind Kredite günstiger geworden – und die klassischen Optionen zum Sparen lohnen sich nicht mehr. Gibt es trotzdem noch Möglichkeiten, um sich ein Vermögen aufzubauen und um von Zinsen oder Renditen zu profitieren?

Kenner von Wertpapieren wissen, dass die Börse immer noch die besten Chancen auf hohe Renditen und für den Aufbau eines Unternehmens bietet. Allerdings scheuen viele Einsteiger davor zurück, da die entsprechenden Kenntnisse nicht vorhanden sind und die Risiken als zu hoch eingestuft werden. Dabei gibt es ganz unterschiedliche Anlageformen an der Börse, die verschiedene Vorkenntnisse erfordern. Es wäre daher schade, alle Optionen zusammenzuwerfen und sich nicht darauf einzulassen, sein eigenes Vermögen zu vermehren.

In diesem ersten Teil des Buches erfährst du, wieso es sich lohnt, in ETFs und Aktienfonds zu investieren, wenn du dir ein Vermögen aufbauen möchtest. Hohe Renditen bei einem überschaubaren Risiko und niedrige Einstiegshürden bei einfach verständlichen Anlageformen sind nur einige der Gründe, die für eine solche Form der Investition sprechen. Egal, ob mit Einmalzahlung oder Sparplan, mit geringen oder mit hohen Summen – wer sich Anteile eines guten ETFs oder eines Aktienfonds sichert, wird schon bald den Erfolg sehen. Wichtig ist nur, sich des Risikos bewusst zu sein und sich davon oder von fehlendem Wissen nicht verunsichern zu lassen.

Du findest in den folgenden Kapiteln eine Einführung in die Möglichkeiten der Börse mit wichtigen Begriffen, Kennzahlen sowie hilfreichen Informationen über Steuern, die beste Vorgehensweise und die Auswahl des perfekten Titels. Wenn erst einmal bekannt ist, wie einfach die Investition in einen ETF oder Aktienfonds ist und welche Möglichkeiten es hier gibt, sprechen tatsächlich nur noch wenige Gründe gegen den Einstieg in eine solche Art der Geldanlagen. Oder gegen den weiteren Aufbau deines Depots, wenn du schon zu den fortgeschrittenen Anlegern gehörst.

Du möchtest Geld für später zurücklegen, etwas für dein Alter sparen oder deine Kinder absichern? Dann eignen sich diese Formen der Geldanlage in jedem Fall für dich, und jeder kann mit ihnen starten, solange der Wunsch da ist, sich schrittweise ein Vermögen aufzubauen.

Ich wünsche dir an dieser Stelle schon einmal viel Spaß und Erfolg bei der Umsetzung der Tipps und Tricks und beim Erkunden der Investitionsmöglichkeiten an der Börse.

AN DER BÖRSE INVESTIEREN: GUTE GRÜNDE FÜR DEN VERMÖGENSAUFBAU

Es gibt noch immer vor allem zwei Gruppen, wenn es um Investitionen geht: Die Profis und diejenigen, die sich nicht an Geldanlagen herantrauen. Gerade in Deutschland schrecken viele Menschen erst einmal deutlich zurück, wenn es um Aktien, Fonds und ETFs geht oder wissen sogar gar nichts mit solchen Begriffen anzufangen. Vielmehr wird weiter auf die vermeintlich besonders sicheren Anlageformen wie auf Tagesgeldkonten, Sparbücher und höchstens noch auf Immobilien gesetzt. Und natürlich auch auf Renten, die meist durch private Zusatzanbieter ergänzt werden, damit es später zum Leben reicht. Was es aber leider nicht mehr tun wird, zumindest bei den meisten Menschen, da die zu erwartenden Renten viel zu gering ausfallen und die Kaufkraft immer geringer wird.

Doch selbst Tagesgeldkonten und Sparbücher lohnen sich nicht mehr, da durch die aktuellen Niedrigzinsen die Anlage auf diese Weise einfach nicht mehr lohnt. Die niedrigen Zinsen eignen sich sehr gut, wenn es darum geht, ein Haus zu kaufen oder zu bauen und den Kredit dafür zu bezahlen. Durch eine Inflation von rund 1,5 Prozent im Jahr hast du sogar einen Nachteil durch das Anlegen deines Geldes auf einem Tagesgeldkonto, da dein Geld nach einigen Jahren weniger und eben nicht mehr wert ist als noch zuvor.

Aber was kannst du dann tun und welche Möglichkeiten gibt es jetzt noch für den Vermögensaufbau, wenn alle bisherigen Klassiker wegfallen? Hier hilft es tatsächlich nur noch, sich auf die Börse zu konzentrieren und das Geld gezielt anzulegen. Der Vorteil dabei ist, dass bei weitem nicht nur Profis mit entsprechend umfangreichem Wissen hier ihr Geld vermehren werden, sondern auch Einsteiger ohne oder mit geringen Kenntnissen eine gute Chance haben. Schließlich sind nicht alle Anlageformen in Bezug auf ihr Risiko gleich und es gibt erhebliche Unterschiede bei den einzelnen

Varianten. So lässt sich die Investition in einen stabilen ETF einfach nicht mit dem Kauf von Aktien nach dem Börsengang eines Unternehmens vergleichen.

Es gibt viele gute Gründe für die Investition an der Börse und dafür, sich mit den verschiedenen Anlageformen zu beschäftigen. Der wohl wichtigste Grund überhaupt ist, dass es so möglich ist, sich ein Vermögen aufzubauen, von dem du auch später profitieren wirst. Im Gegensatz zu Sparbüchern und anderen Anlageformen lohnt es sich, in einen Aktienfonds oder einen ETF zu investieren und über die Jahre hinweg diese Anteile zu halten. Der Gewinn, also die Rendite, kann bei der richtigen Wahl problemlos zwischen 10 und 15 Prozent liegen. Selbst die Kosten für das Depot, ohne das keine Investition möglich ist, fallen dann nicht mehr so negativ auf. Vor allem aufgrund der gängigen Inflation lohnt es sich daher wirklich zu investieren und über Jahre hinweg auf diese Weise ein Vermögen aufzubauen.

Ein weiterer Vorteil ist, dass eine Investition schon bei geringen Summen sinnvoll ist. Im Gegensatz zum Kauf von Immobilien oder zum Aufbau von ganzen Unternehmen für das Erzielen eines passiven Einkommens oder eines späteren Vermögens kannst du mit kleinen Summen auf die lange Sicht schon viel erreichen.

So besteht bei ETFs genau wie bei Aktienfonds im Normalfall die Option, monatlich einen Betrag ab 25 oder 50 Euro anzulegen. Das fällt leichter, als direkt mit einer einmaligen Summe von 500, 1.000 oder noch mehr anzufangen, da hierbei schließlich ebenfalls ein psychologischer Effekt zu beachten ist. Doch 25 oder 50 Euro im Monat anzulegen, tut meistens nicht so weh, da es sich um eine Summe handelt, die noch sehr übersichtlich ist. Und bei einem monatlichen Betrag von 50 Euro legst du im Jahr immerhin schon 600 Euro an und wärst nach 5 Jahren schon bei 3.000 Euro. Die Rendite, also der Gewinn, muss natürlich noch dazugerechnet werden, da sich die Anlage sicherlich in den meisten Fällen lohnen wird.

Darüber hinaus gibt es an der Börse Optionen für jeden, unabhängig davon, wie hoch der spezifische Wissensstand sowie der individuelle Risikowunsch sind. In diesem Buch konzentriere ich mich auf die sicherste Variante von allen Anlageformen an der Börse: auf ETFs und auf Aktienfonds. Der Kauf von Einzelaktien oder das Traden, dabei vor allem das Daytrading, gehören zu anderen, höheren Risikostufen, die für Einsteiger nicht unbedingt perfekt geeignet sind. Das Schöne ist also, dass jeder in einen ETF oder in einen Aktienfonds investieren kann, ohne dafür lange studieren oder unzählige Bücher lesen zu müssen. Entscheidend ist vor allem ein solides Grundwissen über die Möglichkeiten, die Gefahren und die Chancen sowie über das Investieren an sich, damit du dir wirklich langfristig ein Vermögen aufbauen kannst. Deshalb findest du im nächsten Kapitel erst einmal das ABC der grundlegendsten Begriffe, die du für deinen Start an der Börse kennen solltest. Danach wird sich der Sprung in die Finanzwelt schon gar nicht mehr so schwierig anfühlen.

DAS FINANZ-ABC: VON AKTIEN BIS ZUR RENDITE

Bevor ich über die genauen Vorteile von Aktienfonds und ETFs, die Besteuerung sowie Tipps und Tricks zum richtigen Auswählen dieser Anlageformen spreche, ist es wichtig, erst einmal einige grundlegende Begriffe zu kennen. Aus diesem Grund findest du in diesem Kapitel eine Erklärung der essenziellsten Begriffe aus der Finanzwelt, die dir dabei helfen, im weiteren Verlauf gut zurechtzukommen und zu wissen, worum es eigentlich geht. Folgende Begriffe solltest du vor dem Start an der Börse schon einmal gehört haben und du solltest möglichst gut wissen, was dahintersteht:

AKTIEN

Jede Aktiengesellschaft gibt Anlegern Aktien aus, die zu einem an der Börse festgesetzten Kurs gekauft und verkauft werden. Die Aktiengesellschaften sind somit Unternehmen, die an der Börse notiert sind und ihr Grundkapital in Aktien aufteilen, die erhältlich sind. Damit sind Aktien am Ende nichts anderes als Anteile an einem Unternehmen. Der Kaufpreis für eine Aktie hängt vollständig von dem jeweiligen Unternehmen ab: Es gibt Optionen für weniger als 1 Euro pro Stück genau wie solche, die sich im vierstelligen Bereich für eine einzelne Aktie bewegen. Eine Sonderform sind hier noch die Dividendenaktien, da in diesem Fall die Unternehmen einmal jährlich eine Dividende pro Aktie zahlen. So manches bekannte Unternehmen wie zum Beispiel Coca-Cola zahlt seit vielen Jahren Dividenden, die für ein passives Einkommen sorgen.

Grundsätzlich kommt es bei der Investition in Aktien darauf an, die Märkte genauer zu kennen und richtig einschätzen zu können. Dir sollte bewusst sein, dass deine Anlage in diesem Fall vom Gewinn genau wie vom Verlust des entsprechenden Unternehmens abhängt. Bei einer unerwarteten Insolvenz passiert es hier auch schnell, dass das angelegte Geld verloren ist. Dennoch sind Aktien eine sehr interessante Anlageform, die zu hohen Gewinnen führen kann. Es ist nur wichtig, dass die Unternehmen relativ bekannt sind, das heißt, dass es sich um bekannte Namen handelt, bei denen die Sicherheit für Anleger schon etwas größer ist. Das ist von Bedeutung, weil etablierte Unternehmen schon bewiesen haben, dass sie nicht ganz so schnell eine Insolvenz anmelden, wie es vielleicht bei jüngeren Firmen der Fall ist. Im nächsten Teil dieser dreiteiligen Serie wirst du noch genau erfahren, worin die Chancen, die Risiken und die Gewinnmöglichkeiten bei Aktien bestehen.

Die wichtigsten Infos zu Aktien in Kürze:

- Sind Wertpapiere von Unternehmen
- Stellen Anteile an börsennotierten Unternehmen dar

- Ein umfangreiches Wissen über die entsprechenden Märkte und die Entwicklung ist empfehlenswert
- Eher eine Option für Fortgeschrittene oder aber für Einsteiger, die sich vorher in das Thema einlesen möchten
- Die Kurse werden tagesaktuell an der Börse bekanntgegeben
- Für den Kauf sowie Verkauf fallen Gebühren an
- Gewinne sind durch steigende Kurse einer einzelnen Aktie möglich – bei fallenden Kursen sinkt der Wert der Anlage

Ein kleiner Hinweis wäre an dieser Stelle noch die Tatsache, dass es ebenfalls spezielle Dividendenaktien gibt, bei denen es sich um Aktien handelt, die den Anlegern eine Dividende ausschütten. Dividenden sind Gewinnbeteiligungen, die viele etablierte Unternehmen seit vielen Jahren ausschütten. Das Thema der Dividendenaktien soll im nächsten Teil dieser Serie genauer beleuchtet werden, da es sich dabei um eine interessante Investitionsmöglichkeit für Anleger handelt, die sich an Einzelaktien heranwagen.

AKTIENFONDS

In einem Aktienfonds sind Aktien einzelner Unternehmen gemeinsam vertreten. Anders gesagt handelt es sich um eine Art Sammlung verschiedener Aktien, sodass das Risiko in einem solchen Investmentfonds auf mehrere Titel aufgeteilt wird. Bei dieser Form der Anlage kaufst du Anteile an dem Aktienfonds und erzielst bei steigenden Kursen einen Gewinn. Du kaufst auch hier Anteile von Unternehmen, jedoch nicht nur von einem einzelnen, sondern von mehreren Firmen. Ein Fondsmanager legt die Verteilung der einzelnen Unternehmen im Aktienfonds fest und so kannst du über einen Zeitraum von mehreren Jahren oder Monaten hinweg interessante Gewinne erzielen.

Das Besondere bei Aktienfonds ist außerdem, dass es so viele verschiedene Unternehmen gibt, die in Frage kommen. Grundsätzlich wird hierbei in Branchenfonds sowie in regionale Fonds unterschieden. Bei regionalen Fonds sind Titel aus einzelnen Regionen, wie zum Beispiel Nordamerika, Lateinamerika, Asien oder Europa, vertreten.

Ein Branchenfonds enthält Titel aus bestimmten Branchen. Dazu gehören zum Beispiel die beliebten Optionen in den Bereichen Energie, Pharma, Telekommunikation, Nahrungsmittel und Rohstoffe. Du hast somit die Möglichkeit, gezielt in bestimmte Branchen oder Regionen zu investieren. Außerdem unterstützt du diese Bereiche auf diese Weise. Von großer Bedeutung ist hierbei allerdings, dass du beachtest, dass sehr spezialisierte Aktienfonds zugleich ein größeres Risiko beinhalten. Je kleiner die Auswahl der Titel ist oder je spezifischer der Fokus auf eine bestimmte Region oder eine einzelne Branche ist, desto höher ist somit auch dein Risiko. Vor allem für Einsteiger ist es daher nicht zu empfehlen, sich bei einem Aktienfonds zu sehr zu spezialisieren.

Die wichtigsten Infos zu Aktienfonds in Kürze:

- Es handelt sich um einen Investmentfonds, mit dem in mehrere Aktien investiert wird

- Durch den Kauf von Anteilen investierst du in mehrere Unternehmen zur gleichen Zeit
- Ein Fondsmanager verwaltet die enthaltenen Aktien
- Beliebt sind Branchenfonds ebenso wie regionale Fonds
- Allgemeine Aktienfonds beinhalten ein geringeres Risiko als sehr spezialisierte Varianten
- Aktienfonds bergen ein geringeres Risiko als der Kauf von Einzelaktien
- Gute Option für Einsteiger genau wie für Fortgeschrittene
- Gerade auf lange Sicht sehr interessante Wertanlage
- Einmalzahlungen und Sparpläne sind bei der Investition möglich
- Die Anlage kann selbstständig erfolgen – oder durch einen Berater bei einer Bank

ANLEIHEN

Bei einer Anleihe leihen sich wahlweise Unternehmen oder Staaten Geld von Privatpersonen. Es handelt sich hierbei um Schuldscheine, die mit festen Zinsen verzinst werden. In Bezug auf die Höhe der Anleihen hängt es jeweils vom Unternehmen beziehungsweise vom Staat ab, wie hoch diese sein müssen beziehungsweise mindestens ausfallen müssen.

Eine Anleihe lässt sich in der Theorie so verstehen, dass private Personen einen Kredit vergeben und dafür feste, vorher vereinbarte Zinsen erhalten. Diese Schuldscheine sind somit ebenfalls Wertpapiere und ermöglichen es, einen festen Zinssatz zu erhalten, der natürlich höher ausfällt, als es aktuell bei Banken der Fall ist. Festgelegt ist hier ebenfalls die entsprechende Laufzeit, sodass du nicht einfach an dein Geld kommen kannst, wenn du es gerade doch dringend benötigst.

Unternehmensanleihen sowie Staatsanleihen sind die übliche Form der Anleihe. Ab einem Betrag von 500 Euro kann in der Regel mit dieser Form der Investition begonnen werden, damit es sich für die Unternehmen oder den jeweiligen Staat lohnt. Es gibt allerdings ein nicht zu unterschätzendes Problem bei Anleihen und das ist der fehlende Schutz im Falle einer Insolvenz. Natürlich ist es bei Staaten wie Deutschland oder bei der Schweiz kaum denkbar, dass das Geld tatsächlich verloren geht. Bei bestimmten anderen Staaten oder bei Unternehmen besteht die Möglichkeit aber natürlich schon. Einen kleinen Hinweis geben hierbei noch die Zinsen, die versprochen werden: Je höher diese nämlich ausfallen, desto höher wird auch das Risiko der Anlage sein. Im besten Fall erhältst du nach dem Ende der Laufzeit dein Geld plus den vereinbarten Zinssatz wieder und hast damit einen Gewinn gemacht. Es kann jedoch, je nach Wahl der Anleiheform, genauso gut anders ausgehen, was man nicht unterschätzen sollte. Wenn es Anleihen sein sollen, dann lohnen sich daher vor allem solche von Staaten, die als sicher eingestuft werden. Dann gibt es selbstverstänlich einen geringeren Gewinn, dieser ist dafür aber deutlich sicherer.

Die wichtigsten Infos zu Anleihen in Kürze:

- Unternehmen oder Staaten leihen sich Geld von privaten Anlegern
- Je höher der Zinssatz des Schuldscheins ist, desto höher ist auch das Risiko
- Feste Laufzeiten sind hier erforderlich – das Geld ist nicht jederzeit verfügbar
- Kein Schutz im Falle einer Insolvenz
- Der Zinssatz wird von Anfang an bekanntgegeben und ist normalerweise fix
- Staatsanleihen von beispielsweise Deutschland oder der Schweiz gelten als sichere Optionen

BULLENMARKT UND BÄRENMARKT

Vielleicht hast du schon einmal die Statuen des Bullen und des Bären an der Frankfurter Börse gesehen? Diese Statuen stehen für die Bullen und Bären an der Börse, die nämlich die Anleger repräsentieren. Entsprechend wird von einem Bullen- und von einem Bärenmarkt gesprochen.

Der Bullen- und Bärenmarkt zusammen bildet einen Börsenzyklus, der wie jeder andere Zyklus auch von einem Auf und einem Ab gekennzeichnet ist. Es ist vollkommen normal, dass die Kurse an der Börse von steigenden und fallenden Werten geprägt sind, da durch die Nachrichten und die Handlungen der Anleger, also ob sie eher kaufen oder verkaufen, jeder Kurs beeinflusst wird. Bei einem Bullenmarkt steigen die Kurse, bei einem Bärenmarkt fallen sie – kontinuierlich. Die Zeiten der steigenden Kurse werden ebenfalls als Hausse, die der fallenden als Baisse bezeichnet.

Diese Zyklen zu kennen, ist für jeden wichtig, der an der Börse investieren will. Denn die Anleger haben durch ihre Erwartungen und Einschätzungen große Auswirkungen auf die Entwicklung der Kurse. Daher werden die Anleger je nach vorhandener Erwartung auch gern als Bullen und Bären bezeichnet – wer optimistisch ist und auf steigende Kurse hofft, zählt zu den Bullen. Als Bären werden hingegen die pessimistischen Anleger bezeichnet, die mit fallenden Kursen rechnen. Bullen verdienen also an steigenden und die Bären an fallenden Kursen. Je nachdem, wer gerade vorherrscht, herrscht ein Aufschwung oder ein Fall der Kurse. Dabei ist sogar ein Börsencrash denkbar, sodass es stets absolut wichtig ist, nicht nur die Nachrichten zu betrachten, sondern auch die Spekulanten im Auge zu behalten.

Behalte daher immer im Hinterkopf, dass abstürzende Kurse, beispielsweise bei Unternehmen, definitiv nicht unbedingt ein Zeichen einer bald folgenden Insolvenz sind. Ganz im Gegenteil – die Nachrichten, die Erwartungen der Anleger und mögliche Skandale können in vielen kleinen Aufnahmen der einzelnen Situationen dazu führen, dass die Kurse so stark fallen – oder aber steigen.

Natürlich ist es für dich selbst nicht möglich, die Erwartungen der Anleger zu beeinflussen. Das Wissen um die genaue Entwicklung der Kurse hilft dir jedoch dabei, ruhig zu bleiben und bei sinkenden Kursen nicht sofort Panik zu bekommen. Außerdem ist es nicht zuletzt sehr interessant, wie sich die Kurse an der Börse zusammensetzen und von wie vielen Faktoren diese in der Realität abhängen.

Die wichtigsten Infos zum Bullen- und Bärenmarkt in Kürze:

- Der Bullen- und Bärenmarkt bilden einen Börsenzyklus
- Die Börse wird stark von den Erwartungen der Anleger beeinflusst
- Bullen stehen für steigende Kurse, Bären für fallende Kurse
- Der aktuelle Markt hängt davon ab, welche Erwartungen sich durchsetzen

BÖRSE

Die Börse ist am Ende nicht mehr und nicht weniger als der Markt, auf dem die Wertpapiere gehandelt werden. Es gibt verschiedene Börsen, auch wenn stets von der „einen" Börse die Rede ist, was so also nicht ganz stimmt. Zwar ist die Wertpapierbörse, auf der die Wertpapiere der Unternehmen gehandelt werden, die wichtigste und größte durch zahlreiche dort vertretene Unternehmen, doch auch die Rohstoffbörse ist nicht ganz unwichtig.

Die Preise von Rohstoffen wie Gold, Öl oder Kupfer werden hier genauso gehandelt und bekanntgegeben, wie es bei den Wechselkursen zwischen Währungen der Fall ist. Feste Handelszeiten bestimmen die Börse und in diesen Zeiten ändern sich die Kurse teilweise im Sekunden- oder Minutentakt. Daher gibt es immer jeweils den Auftakt und die Schlusskurse bei allen Wertpapieren, Währungen, Rohstoffen und weiteren Titeln, die hier gehandelt werden. Im Tagesverlauf schwanken diese, bis dann zum Börsenschluss ein bestimmter Kurs feststeht. Deshalb können Wertpapiere nur zu den Börsenzeiten gekauft werden, da der Zeitpunkt des Handelns jeweils den Wert bestimmt.

Doch wovon genau hängen die Kurse der Börse ab, die eine so große Rolle spielen? Von Bedeutung sind hierbei aktuelle Nachrichten über das Weltgeschehen, über Politik und Wirtschaft genau wie Spekulationen sowie Angebot und Nachfrage. Die Kursentwicklung hängt damit von vielen verschiedenen Faktoren ab – bei negativen Nachrichten, die das Weltgeschehen beeinflussen, kann es daher ohne Frage zu einem Kurssturz kommen, der ebenfalls als Börsencrash bezeichnet wird. Die Börse hat also Einfluss auf jede Form der Investition in Wertpapiere, Devisen und Rohstoffe und somit ebenso dann, wenn du in ETFs oder Aktienfonds investieren willst. Die bekannteste und wichtigste Börse in Deutschland ist zweifellos die Frankfurter Börse.

Die wichtigsten Infos zur Börse in Kürze:

- Handelsplatz für den Handel mit Wertpapieren, Währungen und Rohstoffen
- Feste Handelszeiten bestimmen die Börse – die Tageskurse schwanken und haben immer einen Eröffnungs- und einen Schlusskurs
- Es gibt mehrere Börsen, die Wertpapierbörse ist aber die größte und wichtigste
- Der Kauf von Wertpapieren, ETFs, Aktienfonds oder Devisen (Währungen) findet an der Börse statt
- Die Kurse, die stark schwanken können, hängen von den aktuellen Nachrichten ebenso wie von der Nachfrage und dem Angebot ab

DAX

Der Einstieg in die Finanzwelt und in Investitionen ist kaum vorstellbar, wenn man nicht den DAX kennt, zumindest dann nicht, wenn auch in Deutschland investiert werden soll. Es handelt sich beim DAX um den Deutschen Aktienindex, der im internationalen Vergleich am ehesten mit dem US-amerikanischen Dow Jones vergleichbar ist. In diesem Aktienindex werden die größten Unternehmen Deutschlands gelistet – genauer gesagt die 30 größten. Der DAX gibt damit die Werteentwicklung der größten Unternehmen an und wird als wichtigster Aktienindex in Deutschland angesehen, der verschiedene kleine „Brüder und Schwestern" hat. Der DAX ist also zwar der wichtigste Index, gehört aber zu einer regelrechten Familie mit weiteren Indizes, die für dein Börsenwissen ebenfalls eine Rolle spielen.

Weitere Indizes sind der MDAX, der TecDAX und der DivDAX, um nur einige Beispiele zu nennen. Im MDAX sind die bedeutendsten mittelgroßen Unternehmen vertreten. Allerdings handelt es sich hierbei um die 60 wichtigsten mittelgroßen Unternehmen und nicht nur um die 30 größten wie beim DAX.

Im TecDAX sind diejenigen 30 Unternehmen vertreten, die im Technologiebereich am bedeutungsvollsten und größten sind. Im DivDAX sind hingegen diejenigen Unternehmen verzeichnet, die mit den höchsten Dividenden punkten können. Es wird also deutlich, wie viele unterschiedliche Unternehmen hier vertreten sind. Im Laufe der Zeit verändern sich die in den einzelnen Indizes vertretenen Unternehmen auch, da es immer Auf- und Abstiege einzelner Unternehmen gibt. Jeder einzelne Index bildet somit die Entwicklung der enthaltenen Unternehmen nach und ein ETF eines solchen Index bildet wiederum diesen nach.

Im DAX sind beispielsweise Unternehmen wie Bayer, BASF, BMW, Infineon, Adidas, Volkswagen und Siemens vertreten. Über Jahre hinweg war zum Beispiel Thyssen ebenfalls im DAX vertreten, gehört aber aufgrund der negativen Entwicklung des Unternehmens nicht mehr mit dazu. Im

MDAX sind Unternehmen wie Osram Lichttechnik, die RTL Group, Puma, Metro und Zalando vertreten.

Der TecDAX beinhaltet Vertreter wie Evotec, Wirecard und Cancom. Und im DivDAX sind zu guter Letzt Unternehmen wie die Allianz, BASF und Bayer zu finden. Das zeigt zugleich, dass ein Unternehmen wie zum Beispiel BASF durchaus in zwei verschiedenen Indizes auftauchen kann und nicht nur in einem zu finden sein muss. Wer an der Börse investiert oder Anteile eines ETFs kauft, der einen solchen Index nachbildet, sollte sich daher im Idealfall kurz mit den enthaltenen Unternehmen und deren Entwicklung beschäftigen.

Die wichtigsten Infos zum DAX in Kürze:

- Die Abkürzung DAX steht für „Deutscher Aktienindex"
- Bekannt als wichtigster Aktienindex Deutschlands – vergleichbar mit dem US-amerikanischen Dow Jones
- Bildet die Werteentwicklung der 30 größten deutschen Aktienunternehmen nach
- Bedeutendster Index einer ganzen Indexfamilie
- Kleine Geschwister sind unter anderem der MDAX, TecDAX und DivDAX

DEPOT

Das „Depot“ gehört zu den Begriffen, die es für jede Form der Investition an der Börse zu kennen gilt. Ohne ein solches Depot ist es nämlich nicht möglich, Wertpapiere zu kaufen und in ETFs oder Aktienfonds zu investieren. Du brauchst daher in jedem Fall ein Depot. Ein solches lässt sich am einfachsten als ein Bankkonto verstehen, auf dem jedoch eben kein Geld, sondern die verschiedenen Wertpapiere gespeichert sind.

Es gibt eine Vielzahl an Anbietern, zu denen bei weitem nicht nur die Hausbank gehört, sondern auch Online-Broker und Online-Depots. Viele Anbieter bieten entweder kostenfreie Depots oder solche an, die einige Jahre umsonst oder insgesamt sehr günstig sind. Nur einige Möglichkeiten sind die ING-DiBa oder Comdirect, wobei es natürlich noch viele weitere Optionen gibt. Es ist wirklich sehr einfach, ein solches Depot zu eröffnen. Im Anschluss an das Einrichten und Aktivieren des Depots kannst du dann direkt Wertpapiere kaufen, die dir dort angezeigt werden.

Oft ist die Rede davon, dass ein vielseitiges Depot vorhanden sein sollte, oder auch davon, dass sich im Depot nicht nur ein Titel befinden sollte. Der Grund dafür ist ziemlich einfach: Es ist äußerst sinnvoll, nicht nur einen Titel in Form von ETFs oder Aktienfonds im Depot zu haben. Bei einer gewissen Vielfalt ist die Wahrscheinlichkeit viel größer, dass deine Rendite höher ausfällt – und gleichzeitig wird das entsprechende Risiko deutlich reduziert. Es kann schließlich immer passieren, dass aufgrund der aktuellen Nachrichten ein ETF oder ein Aktienfonds eine schlechtere Entwicklung aufweist, als es bei einem anderen Titel der Fall ist. So oder so solltest du vor der Eröffnung eines Depots die vorhandenen Anbieter vergleichen, da die jeweils anfallenden jährlichen Gebühren schließlich deine Renditen schmälern. Daher kann sich ein teures Depot langfristig als recht nachteilig erweisen und dich im Nachhinein ärgern. Im ersten Schritt benötigst du also ein Depot und im zweiten Schritt kannst du dort Wertpapiere kaufen – gern auch mehr als nur einen Titel, um dadurch das Risiko ein wenig mehr zu streuen.

Die wichtigsten Infos zum Depot in Kürze:

- Ein Depot ist für den Kauf von Wertpapieren erforderlich
- Dort werden die Wertpapiere „deponiert“ und angezeigt
- Eine Art Bankkonto, nur eben für Wertpapiere
- Mit Kosten verbunden – ein Anbietervergleich lohnt sich
- Sehr einfache Eröffnung, gerade bei Online-Depots

ETFS

In der Langform bedeutet ETF „Exchange Traded Fund“. Es handelt sich hierbei um Fonds, die Indizes nachbilden und an der Börse gehandelt werden. Es sind also Fonds, jedoch ist das Besondere an ihnen die Nachbildung der Indizes. Daher hat sich neben der Bezeichnung „ETF“ ebenfalls der Name „Indexfonds“ eingebürgert. Im Unterschied zu Aktienfonds wird ein ETF nicht aktiv von einem Manager verwaltet. Dadurch sind die jährlichen Kosten entsprechend niedriger, was absolut nicht zu unterschätzen ist, wenn langfristig ein entsprechendes Vermögen aufgebaut werden soll.

Es gibt unzählige ETFs, da viele verschiedene Indizes nachgebildet werden können, und es handelt sich hierbei zweifellos um eine interessante und vielversprechende Option für Einsteiger, die sich noch nicht an andere Investitionen herantrauen. Oder schlicht auf ein wenig mehr Sicherheit bedacht sind. Günstig beim Einkauf, vielseitig, ziemlich sicher und transparent – es gibt zahlreiche Gründe, warum ETFs immer beliebter werden. Gekauft werden diese im Online-Depot, da aufgrund der fehlenden Verwaltung die Hausbanken oder persönliche Berater weniger an ETFs interessiert sind.

„Ziemlich sicher“ – warum das? Es sollte noch festgehalten werden, dass ein ETF eben auch an der Börse gehandelt wird und dadurch genau wie andere Werte den täglichen Schwankungen stark unterworfen ist. Dennoch ist es sehr unwahrscheinlich, dass ein guter ETF langfristig nicht an Wert gewinnt, ganz im Gegenteil. Da die ETFs so günstig und vielseitig sind, können Einsteiger sehr gut mit dieser Art der Anlageform anfangen und sich im Laufe der Zeit über ansprechende Renditen freuen. Erwähnenswert ist vor allem der berühmte MSCI World Index, der zu den interessanten Optionen bei den ETFs gehört und im weiteren Verlauf des Buches noch detaillierter vorgestellt wird. Ebenso wie Aktienfonds und Aktien können auch ETFs jederzeit gekauft oder verkauft werden, wobei man immer die jeweiligen Kurse beachten sollte, um keine Verluste zu machen.

Die wichtigsten Infos zu ETFs in Kürze:

- ETF steht für „Exchange Traded Fund"
- Der Name Indexfonds ist ebenfalls geläufig – ein ETF bildet nämlich immer Indizes nach
- Günstige, transparente und sehr einfache Form der Kapitalanlage
- Es gibt kein aktives Management – dies führt zu geringeren Kosten
- Kauf und Verkauf sind jederzeit möglich – hohe Liquidität
- Recht sichere Option, eignet sich daher sogar für vorsichtige Anleger
- Investitionen erfolgen durch Einmalzahlungen oder mit einem Sparplan
- Bekanntester Vertreter ist der MSCI World Index

FESTGELD

Das Festgeld könnte der Einfachheit halber als sicherere Form der Anleihen bezeichnet werden. Diese Anlageform ist sehr einfach zu beschreiben: Ein bestimmter Betrag wird über einen Zeitraum von mehreren Jahren fest angelegt und mit einem Zinssatz verzinst, der vorher bekannt ist. Dieser feste Zinssatz gilt über die gesamte Laufzeit hinweg und am Ende der vereinbarten Zeit erhältst du dein Geld plus die entsprechenden Zinsen wieder. Das Festgeld ist eine Bankeinlage und solange die Bank nicht in ernsthafte Schwierigkeiten gerät, gibt es bei der anschließenden Auszahlung keine Probleme. Abgesehen von einer Bankenkrise wie im Jahr 2008 und 2009 ist das sehr selten Fall. Die Sicherheit beim Festgeld ist somit sehr hoch.

Leider lohnt sich das Festgeld heute nicht mehr. Der Grund dafür sind die extrem niedrigen Zinsen, die ausgezahlt werden und zusätzlich noch von der Inflation aufgewogen und verzehrt werden. Daher ist es erforderlich, die angebotenen Zinsen genau zu betrachten, damit du eine Entscheidung für oder gegen diese Form der Investition treffen kannst. Festgeld bekommst du direkt bei den Banken und kannst beispielsweise bei Online-Banken oder bei der eigenen Hausbank nach Angeboten fragen. Es lohnt sich jedoch definitiv mehr, in einen ETF oder einen Aktienfonds zu investieren, da bei diesen eine interessante Rendite möglich ist.

Die wichtigsten Infos zum Festgeld in Kürze:

- Bankeinlage, die für einen festen Zeitraum angelegt wird
- Ein fester, vorher bekannter Zinssatz wird angeboten
- Das Geld ist erst nach dem Ende der Laufzeit verfügbar
- Früher waren die Zinsen sehr reizvoll – mittlerweile sind sie kaum noch nennenswert
- Sichere, jedoch kaum lukrative Version der Geldanlage

RENDITE

Dieser Begriff ist ohne Frage für jede Investition an der Börse grundlegend: Bei der Rendite handelt es sich um den Gewinn, der erzielt wird. Der Gewinn wird dann abzüglich der zu zahlenden Steuern entweder ausgezahlt oder wieder investiert. Die Möglichkeiten in Bezug auf die Renditen hängen immer ganz von der Entwicklung der Kurse sowie von der genauen Art der Investition ab, die getätigt wird. Dabei können genauso 5 Prozent wie 15 Prozent oder noch mehr in einem Jahr möglich sein.

Wenn also von der Rendite die Rede ist, bedeutet das letztendlich nichts anderes als der Gewinn, der möglich ist beziehungsweise erzielt wurde. Liest du beispielsweise, dass ein ETF oder ein Aktienfonds in den letzten 20 Jahren eine durchschnittliche Rendite von 6 Prozent erbracht hat, heißt das, dass im Durchschnitt 6 Prozent Gewinn oder Zinsen angefallen sind – für jedes Jahr, versteht sich. Daher ist besonders bei schon länger bestehenden Titeln ein Blick auf die Rendite sinnvoll, die bisher erzielt wurde. Dadurch kannst du dir eher vorstellen, wie sich deine Investition eventuell mit der Zeit entwickeln wird.

Die wichtigsten Infos zur Rendite in Kürze:

- Die Rendite steht für den erzielten Gewinn durch Wertpapiere
- Bei ETFs und Aktienfonds wird die Rendite je nach Typ ausgezahlt oder aber wieder neu investiert
- Bedeutendste Kennzahl für den Erfolg einer Investition
- Von diesem Wert werden noch die Steuern abgezogen, bevor eine Auszahlung erfolgt
- Lässt sich ebenfalls als Verzinsung von Wertpapieren bezeichnen

Nach dieser Einführung bist du in Bezug auf die essenziellsten Begriffe in Bezug auf Anlageformen und Begriffe der Börse schon deutlich besser vorbereitet, wenn es um die ersten Investitionen geht. Jetzt hast du bereits erfahren, warum es sich grundsätzlich lohnt, an der Börse zu investieren. In den nächsten Kapiteln erfährst du außerdem, warum gerade ETFs und Aktienfonds sich so sehr lohnen und auf welche Weise du mit ihnen langfristig ein Vermögen aufbauen kannst.

RISIKEN EINSCHÄTZEN: DIESES RISIKO IST VORHANDEN

Vor allem Einsteiger und alle, die noch nie investiert haben, weisen im Normalfall oft eine gewisse Angst vor den Risiken auf. Die Aussage, dass jemand keine Ahnung von Investitionen hat oder einem alles viel zu riskant und deshalb keine Option ist, habe ich bisher schon sehr häufig gehört. Dennoch ist es oft gar nicht so schwierig, die so genannten „Zweifler" vom Gegenteil zu überzeugen, da sich vor allem ETFs und Aktienfonds gerade für solche Einsteiger eignen – wie du in diesem Buch noch näher erfahren wirst.

Doch wie steht es wirklich um das Risiko und wie ausschlaggebend ist die eigene Einstellung, wenn es um dieses Thema geht? Gerade weil es entweder diejenigen Menschen gibt, die solche Risiken sofort und vollständig scheuen, und andere, die diese bewusst eingehen, macht es Sinn, sich diese genauer anzusehen. Praktischerweise gibt es hierfür eine Einteilung in Risikoklassen, die zum Einsatz kommen und dir ein wenig bei der Orientierung helfen können.

Erst einmal ist es tatsächlich der Fall, dass jede Investition an der Börse ein Risiko beinhaltet. Es handelt sich nicht um völlig sichere Anlagemöglichkeiten für dein Geld, wie es bei einem Sparbuch oder einem Tagesgeldkonto der Fall ist. Der Grund ist simpel und sofort verständlich: Die Kurse an der Börse schwanken und werden von vielen Faktoren beeinflusst. Angebot, Nachfrage, Nachrichten aus aller Welt und die Wirtschaftssituation an sich spielen hierbei eine Rolle und sorgen für ein stetiges Auf und Ab der Kurse. Wenn du dein Geld lediglich für ein Jahr oder für wenige Monate anlegen willst, dann ist das Risiko tatsächlich ziemlich hoch und sollte vielleicht nicht unbedingt eingegangen werden. In jedem Fall nicht als Anfänger. Doch wenn einem lange Zeiträume zur Verfügung stehen und man starke Nerven hat, wenn es um Krisen geht, ist das Risiko doch nicht so groß, wie es zuerst erscheint. Langfristig gehen die Kurse nämlich stets nach oben und erholen sich nach jeder Krise wieder.

Es geht also unter anderem um deine persönliche Einstellung zum Geld, da es nicht nur verschiedene Risikoklassen, sondern auch unterschiedliche Anlegertypen gibt. Es bringt nichts, sich auf ein für dich persönlich zu großes Risiko einzulassen, welches dich dann nachts nicht mehr schlafen lässt. Manchmal kann man eben nicht aus seiner Haut und das ist natürlich vollkommen in Ordnung so. Es hilft meist schon, wenn man sich selbst, also den eigenen Anlegertyp, einschätzen kann und die vorhandenen Risikoklassen genauer kennt.

Folgende Anlegertypen gibt es:

Es gibt entweder konservative Anleger oder aber solche, die das Risiko lieben? Nicht ganz, denn auch in diesem Fall gibt es noch einige Abstufungen, die nicht ganz uninteressant sind und zu denen vielleicht auch du zählst.

- Konservativ

Für konservative Anleger ist die Sicherheit von größter Bedeutung und weitaus wichtiger, als es hohe Renditen sind. Das angelegte Geld soll nicht an Wert verlieren, sondern gewinnen, und so sicher sein, wie es bei einer Anlage eben möglich ist. Vor allem ältere Anleger, jedoch ebenso manche jüngere gehören zu dieser Kategorie. In diesem Fall wäre zu beachten, dass ETFs und Aktienfonds als Optionen dann nur bedingt empfehlenswert sind.

Es gibt allerdings einige ETFs wie den MSCI World Index, die sich tatsächlich ebenfalls für konservative Anleger eignen könnten, da bei diesen über viele Jahre hinweg eine Rendite erzielt werden konnte. Grundsätzlich ist eine konservative Anlegerstrategie aber ebenfalls dann von Interesse, wenn das Geld nur für einen Zeitraum von maximal fünf Jahren angelegt werden soll. Kursschwankungen lassen sich einfach in kurzen Zeitspannen nicht so gut ausgleichen, wie es in längeren Zeiträumen der Fall ist.

- Wachstumsorientiert

Nicht mehr ganz so auf Sicherheit bedacht, jedoch immer noch mit einem möglichst geringen Risiko versehen dürfen Anlagen dann sein, wenn die Anleger wachstumsorientiert sind. Das angelegte Kapital soll durch Renditen wachsen, bei einem überschaubaren Risiko, welches aber vorhanden sein darf. Wer zu diesem Anlegertyp gehört, kann wirklich sehr gut mit ETFs und Aktienfonds arbeiten und wird bei einem überschaubaren Risiko das eigene Kapital wachsen lassen.

- Chancenorientiert

Dir kommt es auf hohe Erträge an, du kommst mit einem gewissen Risiko sehr gut zurecht und möchtest die Chancen nutzen, die sich auftun? Wenn du dann noch dein Geld für einen Zeitraum von zehn Jahren oder für noch längere Zeitspannen anlegen möchtest, dann gehörst du eindeutig zu den chancenorientierten Anlegern. Natürlich sollte nicht letztendlich das gesamte Geld verloren sein, doch es wird das Risiko eingegangen, dass plötzlich keine Rendite mehr anfällt, dafür aber im Anschluss wiederum ein größerer Gewinn gemacht werden kann. ETFs und Aktienfonds eignen sich ebenfalls gut für diesen Anlegertyp, wobei es dann auch gern speziellere, risikoreichere Varianten sein dürfen.

- Risikobereit

Kommt es dir weniger auf die Sicherheit an, wenn es um Geld und um Investitionen geht? Müssen vielmehr die Renditen hoch sein, selbst wenn es riskant ist? Risikobereite Anleger sind ohne Frage bereit, größere Risiken einzugehen, ohne dabei nachts schlaflos zu bleiben. Es sollte aber noch betont werden, dass nur ganz spezielle ETFs und Aktienfonds für diesen Anlegertyp in Frage kommen, er dagegen mit Einzelaktien von Unternehmen, die neu an die Börse gehen, oder sogar mit Daytrading glücklich werden kann. Allerdings wird es nicht so viele Anleger geben, die zu dieser Kategorie gehören und tatsächlich bereit sind, sehr hohe Risiken einzugehen. Schon gar nicht dann, wenn es sich um Anfänger handelt, die noch keine Vorerfahrung haben.

Folgende Risikoklassen gibt es:

Im Normalfall wird hierbei in insgesamt sieben Risikoklassen unterschieden, um eine möglichst genaue Einteilung zu ermöglichen. Mit zunehmender Zahl steigt das Risiko und die Sicherheit nimmt ab.

1. Sichere Anlagen:
   Tagesgeld, Bausparverträge, kurzfristige Festgeldverträge, Sparbriefe

2. Sicherheitsorientierte Anlagen:
   Rentenfonds mit sehr guter Bonität, Lebensversicherungen mit Kapitalzinsen

3. Sicherheitsorientierte Anlagen mit konservativer Ausrichtung:
   Mischfonds, Wertpapiere mit festen Zinsen, Anleihen mit hoher Bonität

4. Ertragsorientierte, jedoch solide Anlagen:
   ETFs, Aktienfonds und Aktien aus Europa und aus Industrieländern (mit solider Rendite)

5. Wachstumsorientierte Anlagen mit konservativer Ausrichtung:
   Staatsanleihen mit hoher Verzinsung, Aktien aus Drittländern, Währungsanleihen mit einer mittleren Bonität

6. Wachstumsorientierte Anlagen mit spekulativer Ausrichtung:
   Dividendenfonds, Futures, Optionen, Optionsscheine

7. Sehr spekulativ:
   Drittländerfonds, Hedgefonds, Branchenfonds, Daytrading

Bei einem direkten Blick auf Investitionen an der Börse steht damit fest, dass ETFs und Aktienfonds tatsächlich in eine mittlere und nicht etwa in eine hohe Risikoklasse fallen. Natürlich gibt es hierbei auch noch regionale Unterschiede, da eine Investition in europäische Titel deutlich sicherer ist als eine in Drittländer, die eine geringere Sicherheit aufweisen können. Daher lässt sich festhalten, dass diese beiden Optionen gute Einstiegsmöglichkeiten darstellen. Zwar werden (europäische) Aktien ebenfalls in die mittlere Risikoklasse eingestuft, sie sollten aber trotzdem erst mit ein wenig mehr Erfahrung gekauft werden. Der Grund dafür ist schlichtweg, dass hierfür die wirtschaftliche Situation der Unternehmen vor einem Kauf immer bekannt sein sollte und aktiv analysiert werden muss.

Hilfreich war für mich beim Betrachten der möglichen Risiken und meinen anschließenden Entscheidungen die Empfehlung, dass nur Geld investiert werden sollte, welches einem in diesem Moment nicht fehlt. Es ist von großer Bedeutung, dass du nicht stets das Gefühl eines Verlusts oder Mangels hast, wenn du Anteile von ETFs oder Aktienfonds kaufst (oder eben andere Wertpapiere).

Meistens wirkt es schon Wunder, wenn du deine Ausgaben optimierst und dann eine verhältnismäßig kleine Summe wie vielleicht 50 Euro leichter zur Verfügung hast, um sie investieren zu können. Durch die richtige Auswahl einer Investitionsform und eines Titels besteht schließlich immer die Möglichkeit, dass du gute Gewinne erzielst, über die du dich in einigen Jahren besonders freuen kannst. Aus diesem Grund spielen ebenfalls die persönliche Einstellung sowie das Organisieren deiner Ausgaben eine entscheidende Rolle dabei, eine Anlageform zu finden, die nicht für innere Unruhe sorgt.

Nach der obigen Betrachtung der einzelnen Risikoklassen erfährst du im nächsten Kapitel mehr über die Chancen und Vorteile, die beim Investieren möglich sind. Schließlich gibt es einige gute Gründe dafür, die ganzen vorhandenen Risiken überhaupt einzugehen – ansonsten könnten ja alle beim Sparbuch bleiben...

INVESTITIONEN FÜR EINSTEIGER: DARUM LOHNEN SICH ETFS UND AKTIENFONDS

Nach den obigen Erläuterungen der einzelnen Begriffe rund um die Börse weißt du natürlich schon genauer, worum es geht, und kannst bereits mehr mit den einzelnen Anlageformen wie ETFs und Aktienfonds anfangen. Unklar ist dir aber vielleicht noch, warum genau du in diese Anlageformen investieren solltest und welche Vorteile mit ihnen einhergehen. Ein gutes Depot sollte wie gesagt vielseitig ausgerichtet sein und weder nur einen ETF noch allein die Aktien eines Unternehmens enthalten. Daher runden zwei oder drei solide ETFs oder Aktienfonds das Depot sehr gut und sinnvoll ab. Natürlich ist ein vielseitiges Depot nicht der einzige Grund für die Investition dieser Art, sodass im Folgenden noch die weiteren Vorteile dieser Anlageformen näher betrachtet werden.

Zunächst einmal ist, wie wir bereits wissen, eine Investition an der Börse immer mit gewissen Risiken verbunden, wovor Anfänger häufig zurückschrecken. Um eine bessere Vorstellung von diesen Risiken zu erhalten, wurden sie im letzten Kapitel näher beleuchtet. Bis zu einem gewissen Punkt ist diese Angst der Einsteiger verständlich, da eine Investition an der Börse eben nicht mit dem sicher auf dem Sparbuch verstauten Geld zu vergleichen ist. Die gute Nachricht an dieser Stelle ist, dass Aktienfonds und ETFs die sichersten Optionen der an der Börse möglichen Anlageformen darstellen und für jedermann leicht zugänglich sind. Diese Formen der Geldanlage können zum Beispiel in keiner Weise mit dem Risiko verglichen werden, welches beispielsweise beim Daytrading auftritt. Der Vorteil von ETFs und von Aktienfonds ist daher, dass das Risiko nicht bei einem einzigen Unternehmen liegt, sondern gleichmäßig auf mehrere Titel verteilt ist.

Ein weiterer und mit Sicherheit der größte Vorteil von ETFs und Aktienfonds ist die Rendite, die hier zu erwarten ist. Das Risiko und die Chancen halten sich die Waage, was ohne Frage ein Vorteil ist. Aktuell wird in Zeiten nicht mehr vorhandener Zinsen das gesparte Geld abseits von der Börse nicht nur nicht mehr vermehrt, sondern verliert sogar an Kaufkraft. Grund dafür ist, dass es heute für Sparbücher, Tagesgeldkonten und sogar das früher beliebte Festgeld fast gar keine Zinsen mehr gibt.

Die Inflation ist jedoch weiterhin vorhanden: Sie schwankt zwar, beträgt aber rund 1,5 Prozent jährlich. Wenn du also dein Geld nicht so anlegst, dass du mehr als 1,5 Prozent Rendite bekommst (was bei Sparbüchern nicht mehr der Fall ist), dann verlierst du Geld, anstatt es zu vermehren. Eine solche Form des Sparens macht daher keinen Sinn – denn wer möchte schon, dass beim Sparen das Geld immer weniger wert ist, anstatt an Wert zu gewinnen?

Durch die Investition in ETFs oder in Aktienfonds hast du aber die Chance auf deutlich höhere Renditen, die im Durchschnitt bei rund 5 bis 10 Prozent liegen. Natürlich kann die Rendite hier, je nach wirtschaftlicher Lage und Entwicklung, auch mal höher oder niedriger ausfallen. Die Chancen auf Gewinne sind allerdings enorm groß. Natürlich gibt es keine Garantien auf diese Renditen, da es in der Natur der Börse liegt, ein Risiko einzugehen und darauf zu hoffen, dass die investierte Summe in Bezug auf ihren Wert steigt.

Es sollte aber noch beachtet werden, dass die Wahrscheinlichkeit eines Wertezuwachses umso höher ausfällt, je länger das Geld angelegt wird. In einem Zeitraum von zwei oder drei Jahren kann es tatsächlich gut passieren, dass es sich gerade um einen sehr schlechten Zeitpunkt handelt und Verluste eingefahren werden. Dies wird jedoch dadurch ausgeglichen, dass du dein Geld über einen Zeitraum von 10 oder 20 Jahren anlegst. Deine Geduld zahlt sich also früher oder später ganz sicher aus.

Du kannst mit ETFs und Aktienfonds somit hohe Gewinne erzielen und profitierst vor allem beim Sparen über mehrere Jahre hinweg von den Zinseszinsen, die nach einiger Zeit zu enormen Wertzuwächsen führen können. Dadurch kannst du noch wesentlich höhere Gewinne erzielen, als es einfach nur durch die Rendite möglich ist, wenn diese dir jährlich ausgezahlt wird. Allerdings gibt es noch einen weiteren Vorteil bei dieser Form der Investition: Gemeint sind die niedrigen Einstiegshürden. Zum einen brauchst du kein Experte zu sein, um anzufangen, und musst auch nicht täglich die Nachrichten genauestens verfolgen oder analysieren, um kein Geld zu verlieren. Das ist gerade für Einsteiger an der Börse ein enormer Vorteil, da es dadurch leichter für sie wird zu investieren und sich auf diese Weise Stück für Stück ein Vermögen aufzubauen. Mit einer niedrigen Einstiegshürde sind übrigens nicht nur das wenige erforderliche Wissen oder die einfache Auswahl eines geeigneten Titels gemeint, sondern auch der finanzielle Aufwand: Mit geringen Beträgen kannst du langfristig viel erreichen, was auf diese Weise bei keiner anderen Investitionsform so aufgeht, wie es hier der Fall ist.

Gerade bei ETFs und bei Aktienfonds kannst du nicht nur mit einer Einmalzahlung arbeiten, sondern ebenso monatliche Sparpläne nutzen und auf diese Weise mit kleinem Einsatz viel erreichen. Die meisten Einsteiger können schon 25 oder 50 Euro monatlich investieren, um sich langfristig ein Vermögen über diese Investitionen aufzubauen. Schließlich handelt es sich hierbei um überschaubare Summen, die meist problemlos aufgebracht werden können und mit denen viele der Anbieter beginnen. Das Thema Einmalanlage versus Sparplan wird aber immer wieder intensiv diskutiert, daher erfährst du im folgenden Kapitel, worauf es bei der Entscheidung ankommt.

Zusammenfassend lässt sich zunächst festhalten, dass Aktienfonds und ETFs immer wieder gern als eine Art sichere Einstiegsoption empfohlen werden, wenn es um Investitionen geht. Beides kann ich aus persönlicher Erfahrung heraus ebenfalls nur empfehlen. Da es heutzutage gar keine Zinsen mehr auf die ganz sicheren Optionen der Geldanlage gibt, zu denen das Sparbuch, Festgeld und Tagesgeldkonten gehören, ist die Suche nach lohnenswerten Alternativen besonders notwendig geworden. Zumindest dann, wenn du dein Geld wirklich vermehren willst und es nicht auf einem Level ohne jegliche Zuwächse halten möchtest.

Jetzt gibt es natürlich diejenigen Menschen, die eine Anlage nicht wagen wollen, da diese ihnen einfach zu unsicher ist. Und es gibt die anderen, die zu einer Investition bereit sind, bisher aber noch nichts ausprobiert haben, da ihnen schlichtweg das Wissen um die besten Optionen fehlte. Bei allen möglichen Investitionen an der Börse handelt es sich bei den ETFs und Aktienfonds zweifellos um die einfachsten Varianten, die eine gute Rendite bringen und ein überschaubares Risiko beinhalten.

EINMALANLAGE ODER SPARPLAN? BEWUSST ENT-SCHEIDEN

Es gibt bei der Investition in ETFs und Aktienfonds vor allem zwei Optionen beim Anlegen deines Geldes, die du deinem Geschmack entsprechend nutzen kannst. Gemeint sind die Einmalanlage einerseits sowie der Sparplan andererseits. Beide Möglichkeiten eignen sich für die Investition und es hängt nicht zuletzt von deinen persönlichen Vorlieben ab, für welche Variante du dich entscheidest. An dieser Stelle möchte ich dir zunächst die Vorteile beider Varianten mit Hilfe einiger Beispiele vorstellen. Letztendlich entscheiden selbstverständlich ebenfalls deine finanziellen Möglichkeiten über die genaue Investition, die du tätigst.

Die Einmalanlage meint, dass du einen Betrag zu einem bestimmten Zeitpunkt anlegst, den du dir selbst aussuchst. In der Regel ist das bei den Banken ab einem Betrag von 500 Euro möglich, wobei du natürlich genauso gut mit deutlich höheren Beträgen einsteigen kannst. Du legst also ein Mal einen Betrag an und beginnst oder ergänzt damit dein Depot, ohne monatlich weitere Rücklagen aufzubauen.

Die Vorteile der Einmalanlage:

- Ideale Anlageform in Krisenzeiten mit niedrigen Kursen
- Keine regelmäßige monatliche Belastung
- Beim Auswählen des richtigen Zeitpunkts ist die Chance auf eine gute Rendite enorm

Die Nachteile der Einmalanlage:

- Es ist schwierig, den richtigen Zeitpunkt fürs Investieren abzupassen (selbst für erfahrene Anleger)
- Eine größere Geldsumme muss erst einmal vorhanden sein

- Oft ist das Gefühl, ein Risiko einzugehen und eventuell einen hohen Verlust zu machen, bei dieser Anlageform stärker als beim Sparplan

Um es dir besser vorstellen zu können, möchte ich dir mit einem Rechenbeispiel zeigen, warum es sich lohnt, einen größeren Betrag anzulegen und diesen nicht bloß als Notreserve auf dem Bankkonto zu belassen. Tatsächlich wäre diese Notreserve schließlich mit den Jahren immer weniger wert, sodass es auf jeden Fall Sinn macht, das Geld stattdessen anzulegen. Darauf habe ich bereits hingewiesen.

Bleiben wir bei der Einmalanlage, die beispielsweise in Höhe von 5.000 Euro erfolgen soll. Die Rendite beträgt wie gesagt im Durchschnitt 6 Prozent, das heißt nach 10 Jahren würdest du in diesem Fall bei stolzen 8.954,24 Euro stehen. Du hättest also Zinsen und Zinseszinsen in Höhe von 3.954,24 Euro erzielt. Legst du den genannten Betrag für 15 Jahre an, dann stehst du bei 11.982,79 Euro und hast ganze 6.982,79 Euro gewonnen. Hiervon müssen dann entsprechend die Kosten für die Depotführung sowie Steuern abgezogen werden, sodass es sich hierbei um eine einfach gehaltene Berechnung handelt, bei der diese Kosten noch nicht berücksichtigt wurden. Um dieses beeindruckende Ergebnis zu erzielen, ist es zunächst einmal nötig, dass du eine solch hohe Summe anlegen kannst und willst. Aber natürlich ist das Ergebnis bei dieser Rendite schon bei 1.000 Euro ansprechend, da du in diesem Fall nach 10 Jahren rund 790 Euro Gewinn machen würdest.

Eine Einmalzahlung ist also nur dann von Interesse, wenn du eine entsprechend hohe Summe zur Verfügung hast. Zwar lohnen sich nach einem ausreichend langen Zeitraum ebenfalls Summen in Höhe von 500 oder 1.000 Euro, doch nicht so sehr, wie es bei höheren Beträgen der Fall ist.

Eine andere Option könnten hier aber genauso gut mehrere Einmalzahlungen sein, die über die Jahre verteilt werden. Schließlich hat jeder Mensch unterschiedliche finanzielle Möglichkeiten. Falls du also zu denjenigen gehörst, die immer mal wieder größere Summen in Form von Sonderzahlungen, Geschenken oder vielleicht eines Bonus erhalten und diese investieren willst, dann kann sich das in jedem Fall ebenfalls sehr für dich lohnen. Gerade dann, wenn du diese Summen im Normalfall gern ausgibst, ist es besonders sinnvoll, dieses zusätzliche Geld direkt zu investieren oder zumindest Anteile davon in 500er-Schritten zum Investieren zu verwenden.

Anders gesagt könnte es ja sein, dass du einmal jährlich eine Sonderzahlung (Bonus, Urlaubs- und Weihnachtsgeld, Tantieme oder Ähnliches) erhältst. Vielleicht beträgt die Summe 2.000 Euro nach Abzug der Steuern. In einem solchen Fall könntest du zum Beispiel 1.000 Euro in Form einer Einmalzahlung investieren und die restlichen 1.000 Euro für notwendige Anschaffungen, eine Reise oder für andere große Wünsche nutzen. Auf diese Weise ist eine sehr gute Balance zwischen Konsum und dem Sparen beziehungsweise Anlegen deines Geldes vorhanden.

Jetzt stelle dir einmal vor, dass du diesen Bonus jedes Jahr erhältst und über 10 Jahre hinweg jährlich investierst. Natürlich ist das Investieren nicht immer zum besten Zeitpunkt, also zu einem besonders niedrigen Kurs, möglich. Trotzdem werden sich dadurch hohe Renditen bemerkbar machen und dein Vermögen wächst, ohne dass monatliche Einbußen erforderlich sind.

Eine solche Investition sollte wie gesagt nicht zu jedem nur denkbaren Zeitpunkt getätigt werden, da der Kurs zum Kaufzeitpunkt von großer Bedeutung ist. Kaufst du mit einer Einmalzahlung zum „falschen" Zeitpunkt Anteile von Aktienfonds oder ETFs, verschenkst du eventuell Potenzial und riskierst somit, nur eine geringe Rendite zu erhalten. Trotzdem ist es, wie zuvor schon erwähnt, sehr wahrscheinlich, dass du in jedem Fall mit einer gewissen Rendite rechnen kannst, solange du in den passenden Titel investierst. Ein Börsencrash ist übrigens die einfachste Option, um hohe Renditen zu erhalten. Ein solcher kommt (zum Glück!) nicht so häufig vor, sodass es sich bei Einmalzahlungen meist nicht lohnt, über einen langen Zeitraum hinweg auf Krisen zu warten und erst dann zu investieren. Denn stelle dir einmal vor, der nächste Börsencrash kommt erst in drei Jahren und bis dahin steigen die Kurse. Dann verschenkst du viel Potenzial, wenn das Geld, welches für eine Einmalzahlung gedacht ist, auf dem Konto liegt, wo es nur an Wert verliert. Es ist also ein gewisses Abwägen der Vor- und Nachteile wichtig, damit du eine möglichst gute Entscheidung treffen kannst. Es lohnt sich eine Kombination aus Einmalzahlungen und einem Sparplan (oder mehreren Sparplänen), um dein Depot und damit dein Vermögen entsprechend aufzubauen.

Sicherlich lässt sich der Sparplan heute als beliebtere Variante darstellen, die häufiger von Privatanlegern genutzt wird als die Möglichkeit der Einmalzahlungen. Das liegt hauptsächlich daran, dass bei einem Sparplan monatlich beziehungsweise in bestimmten Intervallen Geld zurückgelegt wird, was einem nicht so schwerfällt, wie es bei einer Einmalanlage der Fall ist. Der psychologische Effekt ist schlichtweg anders als bei der Einmalanlage, da beim Sparplan die Verlustangst weniger ausgeprägt ist.

Bei einem Sparplan legst du in der Regel monatlich an einem ausgewählten Tag einen Betrag an, den du dir ausgesucht hast. Einige Anbieter beginnen hier schon bei 25 Euro, bei anderen kannst du mit einem Betrag von 50 Euro anfangen. Es ist für viele Anleger einfacher, gerade zu Beginn eher überschaubare Beträge anzulegen, als direkt mit 300 oder 400 Euro monatlich oder mit einer sehr hohen einmaligen Summe zu beginnen. Sparpläne lohnen sich ganz besonders über einen Zeitraum von mehreren Jahren hinweg, damit ein entsprechender Effekt, also eine hohe Rendite, eintritt.

Die Vorteile des Sparplans:

- Das Einzahlen geringer monatlicher Beträge ist möglich
- Über einen langen Zeitraum hinweg lässt sich ein Vermögen aufbauen
- Hohe und niedrige Kurse lassen sich durch regelmäßige Investitionen ausgleichen
- Sehr gute Lösung bei geringem finanziellem Spielraum und langfristigen Absichten

- Auch für vorsichtige Anleger geeignet
- Optimale Lösung für alle, die nur wenig Geld haben und früh beginnen möchten

Die Nachteile des Sparplans:

- Es wird nicht von Krisen und niedrigen Kursen profitiert
- Es dauert seine Zeit, um eine ansehnliche Summe aufzubauen (je nach Höhe der monatlichen Einzahlungen)
- Wenn der Kurs sehr hoch ist, wird trotzdem investiert
- Erst nach einigen Jahren lohnen sich die Zinseszinsen, da die Rendite am Anfang je nach Summe noch nicht so hoch ausfällt

Ein Rechenbeispiel zeigt, wie sich die Anlage mit einem Sparplan über einen längeren Zeitraum hinweg entwickeln kann. Einmal angenommen, du legst im Monat die überschaubare Summe von 50 Euro an und schaust dir nach 10 Jahren die Entwicklung an.

In diesen 10 Jahren hast du dann insgesamt 6.000 Euro angelegt (oder eben gespart) und kannst dich bei einer Rendite von durchschnittlich 6 Prozent über Zinsen (und Zinseszinsen) in Höhe von 2.382,99 Euro freuen. In der Summe beträgt deine Anlage damit nach 10 Jahren 8.382,99 Euro. Selbst nach dem Abzug von Steuern und Depotgebühren sowie den Kosten für ETFs und Aktienfonds an sich lohnt sich eine solche Rendite schon.

Sparpläne sollte man am besten auf Zeiträume von mindestens 10 oder 15 Jahren ausrichten, um sich einen größeren Betrag aufzubauen. Oder aber du beginnst direkt mit höheren Summen, damit am Ende ein noch ansprechenderer Betrag dabei herauskommt. Selbst bei höheren Summen ist es aber sinnvoll, rund 10 Jahre zu warten, bevor die Wertpapiere wieder verkauft werden.

Bleiben wir einmal bei diesem Beispiel und verändern nur den Faktor, dass du das Geld für 15 Jahre investierst, bei gleicher Rendite. Dann hättest du schon 9.000 Euro gespart und erzielst eine Rendite in Höhe von 5.803,52 Euro. Die Anlage ist somit nach 15 Jahren 14.803,52 Euro wert, wenn du monatlich 50 Euro in einen guten ETF oder in einen solchen Aktienfonds steckst. Natürlich müssen jetzt noch entsprechend die Depotgebühren und Steuern abgezogen werden, sodass es sich bei den Zahlen nicht um den realen Endwert handelt. Beeindruckend und lohnenswert ist eine solche Anlage nichtsdestotrotz. Vor allem in den aktuellen Zeiten, in denen du sonst gar keine Zinsen mehr erhältst. Der Gedanke, sich auf diese Weise etwas für das Alter aufzubauen, macht daher durchaus viel Sinn.

Allerdings muss bei einem Sparplan noch ein anderer Punkt beachtet werden, der bei einer Einmalanlage wegfällt. Dabei geht es um die schwankenden Kurse, die dafür sorgen, dass du mit deinen monatlichen 50 Euro mal mehr und mal weniger Anteile an dem Aktienfonds oder dem ETF erhältst. Es gibt hierbei immer einen Durchschnittswert, den von den steigenden und fallenden Kursen bestimmt wird. Dieser Wert wird als Cost-Average-Effekt (Durchschnittskosteneffekt) bezeichnet und ist eine wichtige Kennzahl für jede Investition in Form von Sparplänen.

Stelle dir einmal vor, du würdest über ein Jahr hinweg in einen Fonds investieren und bekommst am Anfang des Jahres für deine 50 Euro im Monat genau einen Anteil des Fonds. Jetzt schwankt der Wert aber extrem im Laufe des Jahres, sodass ein Anteil mal nur 25 Euro kostet und mal 75 Euro. Angenommen, du bekommst an 6 Monaten des Jahres für 50 Euro jeweils einen Anteil, also 6 Anteile. Zwei Monate lang erhältst du durch den sehr hohen Kurs von 75 Euro für deine hundert Euro in diesen beiden Monaten weniger als einen Anteil. An 4 Monaten liegt der Kurs aber bei nur 25 Euro für einen Anteil, sodass du 8 Anteile (2 pro Monat) erhältst.

Dank der großen Schwankungen erwirbst du in diesem Jahr 15 Anteile anstatt der 12 Anteile, die du im Normalfall bei einem Wert von 50 Euro pro Anteil bekommen hättest. Die Entwicklung ist in diesem Fall positiv für dich und sorgt dafür, dass du mehr Anteile erworben hast, was sich bei steigenden Kursen in jedem Fall langfristig bemerkbar macht. Natürlich kann es in schlechten Jahren genauso gut anders laufen und du bekommst weniger Anteile, als du ursprünglich gedacht oder gehofft hattest.

Diese möglichen Schwankungen sollten daher ebenfalls bedacht werden, damit du dir vor einer solchen Investition darüber bewusst bist. Es kann sich, wie in dem genannten Beispiel, sehr positiv für dich entwickeln – oder aber in die andere Richtung gehen. Wobei die negative Entwicklung im Normalfall nicht über einen längeren Zeitraum hinweg zu beobachten ist. Bei diesem Beispiel würdest du im kommenden Jahr nicht nur eine Rendite durch höhere Kurse erhalten, wenn diese denn steigen, sondern besitzt auch mehr Anteile. Dadurch könntest du mit hoher Wahrscheinlichkeit sagen, dass dein Depot und damit das angelegte Vermögen durch diese beiden Faktoren wächst und du einen größeren Vorteil als mit einer einmaligen Zahlung auf lange Sicht hin erzielst.

Nehmen wir einmal an, dass deine 15 Anteile im nächsten Jahr nicht mehr 50, sondern 52 Euro pro Anteil wert sind. Natürlich kaufst du dadurch Anteile zu einem höheren Kurs, wodurch du im zweiten Jahr erst einmal weniger erhältst als im ersten. Doch deine Einzahlung von 600 Euro (12 Monate à 50 Euro) ist zum Beginn des zweiten Jahres schon 780 Euro wert. Immerhin ein Gewinn von ordentlichen 180 Euro, der durch den Kauf von mehr Anteilen durch die Schwankungen im ersten Jahr des Sparplans sowie durch die Rendite durch den steigenden Kurs entstanden ist.

Du siehst also, dass es beim Investieren schon mit der Überlegung beginnt, wie du genau investieren kannst. Beachte hierbei ebenfalls deine persönlichen Möglichkeiten, deine Vorlieben und nicht zuletzt den genauen Zeitpunkt, da gerade Einmalanlagen nur dann wirklich Sinn machen, wenn der Kurs nicht auf einem sehr hohen Stand ist.

Natürlich kannst du langfristig gesehen dein Depot gemischt aufstellen (und solltest dies auch tun) und darin dann Sparpläne und Einmalanlagen auf kluge Weise kombinieren. Wenn du erst einmal mit dem Investieren anfangen möchtest, dann fühlt sich ein eher geringer Einsatz von beispielsweise 50 Euro im Monat oft besser und sicherer an als höhere Beträge, da diese Summe im Notfall nicht als so hoher Verlust angesehen wird.

Falls du zum aktuellen Zeitpunkt noch keine Summe für eine monatliche

Investition aufbringen kannst, lohnt es sich, sich die eigenen Ausgaben ein wenig genauer anzusehen. Oft verstecken sich hierunter Kosten, die reduziert werden können. Diese Ersparnis kann theoretisch für den Konsum anderer Dinge genutzt – oder aber direkt investiert werden. Nur einige Beispiele für zu hohe Ausgaben, für die es günstigere Alternativen gibt, sind kostspielige Verträge für das Handy, für das Internet, unnötige oder zu hohe Ausgaben für ein Fitnessstudio, für luxuriöse Lebensmittel, Kosmetika oder schlichtweg zu teure Versicherungen. Gerade bei den Versicherungen ist in vielen Fällen ein Sparpotenzial vorhanden, da die Tarife oftmals nicht miteinander verglichen werden oder weil von Anfang an ein zu hoher Tarif ausgewählt wurde, der gar nicht erforderlich ist. Durch das Überprüfen der eigenen Ausgaben fällt es einem oft leichter, ein wenig einzusparen und auf diese Weise Geld für einen Sparplan freizuschaufeln.

Ein kleiner Extratipp wäre an dieser Stelle noch, dass sich gerade für Kinder ein langfristiger Sparplan besonders lohnt. Früher wurde ein solcher Betrag gern auf einem Sparbuch angelegt und den Kindern zum 18. Geburtstag überreicht oder in Form von Geld für das Studium oder für ein Auslandsjahr zur Verfügung gestellt.

Heutzutage wäre es sinnvoller, in ETFs oder in einen Aktienfonds einzuzahlen und dem Jugendlichen schon früh genug beizubringen, wie sich der Wert weiterhin erhöhen lässt. Die Summe wird auf diese Weise am Ende wesentlich höher als bei anderen Anlageformen wie bei einem früher üblichen Sparbuch ausfallen – und sicherlich kann dem Jugendlichen zugleich die eventuell vorhandene Scheu vor Investitionen an der Börse genommen werden.

STEUERN ODER DOCH NICHT? DIE WICHTIGSTEN INFORMATIONEN

Mehrfach hast du jetzt schon gelesen, dass die Steuern noch von der Rendite abgezogen werden müssen, sodass sich der eigentliche Gewinn auf diese Weise verringert. Da oft nicht ganz klar ist, welche Steuern in welcher Höhe anfallen, ob es Freibeträge gibt und wie sich diese auf das investierte Geld auswirken, möchte ich in diesem Kapitel alle wichtigen Informationen über das Thema „Steuern bei Geldanlagen" mit dir teilen. Dadurch wird dir schnell klar werden, dass es zwar nicht ohne steuerliche Abzüge geht, sich eine Investition dennoch lohnt. Zumindest dann, wenn du dich für einen ETF oder einen Aktienfonds entschieden hast, der kontinuierliche Kursanstiege und eine gute Rendite vorweisen kann.

Doch welche Steuern gibt es in diesem Bereich überhaupt und in welcher Höhe? Und gibt es eventuell Freibeträge, von denen man profitieren kann? Genannt werden diese Steuern heute „Abgeltungssteuer", früher war die Bezeichnung „Kapitalertragssteuer" üblich. Wichtig zu wissen ist an dieser Stelle, dass jede Art von Gewinn versteuert werden muss. Dazu gehört eben nicht nur das Einkommen oder die eventuell vorhandenen Mieteinnahmen aus einer eigenen Immobilie, sondern auch der Gewinn aus Wertpapieren jeder Art. Und wir gehen an dieser Stelle einmal davon aus, dass mit der Investition in ETFs und Aktienfonds im besten Fall schon beachtliche Gewinne über die Jahre hinweg möglich sind. Daher müssen diese Gewinne mit der Abgeltungssteuer besteuert werden, und zwar mit 25 Prozent.

Leider bleibt es nicht bei diesen 25 Prozent, was ja ohnehin schon sehr viel ist. Zu beachten ist darüber hinaus noch der Solidaritätszuschlag in Höhe von 5,5 Prozent, der ebenfalls anfällt. Zu guter Letzt kommt es jetzt noch darauf an, ob du die Kirchensteuer zahlen musst oder nicht. Diese würde den Gewinn dann noch weiter reduzieren, sie wird jedoch in der folgenden Rechnung nicht berücksichtigt, da nicht jeder Anleger die Kirchensteuer zahlen muss. Im Normalfall wird die erhaltene Rendite also um (mindestens) stolze 30,5 Prozent reduziert – anders gesagt bezahlst du pro 100 Euro Gewinn, den du erzielt hast, 30,50 Euro Steuern an den Staat. Und bei 1.000 Euro Gewinn fallen dadurch ganze 305,00 Euro an Steuern an.

Natürlich klingt das erst einmal nach einer enorm hohen Summe. Allerdings gibt es noch bestimmte Freibeträge, die an Gewinn im Jahr eingenommen werden können, ohne Steuern abzuführen. Die genauen Summen unterliegen natürlich, je nach gesetzlicher Vorgabe, gewissen Schwankungen, sodass du immer nachsehen solltest, wie hoch die Grenzen für die Freibeträge gerade sind. Zum Zeitpunkt der Erstellung dieses Buches lag diese Summe bei 801 Euro jährlich für Singles und bei 1.602 Euro jährlich für Verheiratete. Diese Freibeträge sollten daher unbedingt ausgenutzt werden, da sonst die entstandenen Gewinne unnötigerweise geringer ausfallen als sie müssten.

Entscheidend ist es hierbei, einen Freistellungsauftrag einzurichten, der ruhig auf mehrere Banken aufgeteilt werden kann, wenn in mehreren Depots Gewinne erzielt werden. Ohne diesen Freistellungsauftrag reduzieren sich die Gewinne aus allen Anlagen wie ETFs oder Aktienfonds erheblich, sodass es absolut sinnvoll ist, darauf zu achten. Darüber hinaus ist, wie bereits deutlich wurde, noch zu berücksichtigen, dass Singles geringere Freibeträge haben als verheiratete Paare, die zusammen veranlagt werden. Daher ergeben sich Abweichungen bei den Gewinnen, die am Ende übrig bleiben und vom jeweiligen Familienstatus abhängen.

Eine Beispielrechnung zeigt dir, worauf bei den Steuern zu achten ist und warum es sich lohnt, die Freistellungsaufträge nicht zu versäumen. Einmal angenommen, du hast dir einen gewinnbringenden ETF ausgesucht, der dir in diesem Jahr insgesamt 1.000 Euro Rendite eingebracht hat. Natürlich ist eine solche Summe nur bei höheren Investitionen möglich und nicht etwa bei einem Sparplan von 50 Euro monatlich im ersten Jahr denkbar.

Im Normalfall würdest du nun 250,00 Euro Abgeltungssteuer und 55,50 Euro Solidaritätszuschlag bezahlen, wodurch am Ende eine Rendite von

694,50 Euro für dich übrig bleibt. Das ist zwar immer noch eine schöne Summe, die deine Investition anwachsen lässt, um im nächsten Jahr zu einer noch höheren Rendite zu führen. Doch jetzt schauen wir uns einmal die zu zahlenden Steuern an, wenn du ansonsten keine anderen Gewinne hattest und deinen Freistellungsauftrag eingereicht hast. Du bist verheiratet? Dann brauchst du gar keine Steuern zu zahlen und kannst dich über die vollen 1.000 Euro Rendite freuen. Zumindest ist das der Fall, wenn dein Ehepartner keine weiteren Gewinne erzielt hat. Schließlich liegt der Freibetrag bei 1.602 Euro.

Du bist Single? Dann musst du Steuern zahlen, jedoch keine sehr hohe Summe. In diesem Fall musst du die 199 Euro voll versteuern, die über deinen Freibetrag von 801 Euro hinauskommen. Das wären dann 49,75 Euro Kapitalertragssteuer und 10,94 Euro Solidaritätszuschlag, also insgesamt eine Summe von 60,69 Euro. Das ist schon ein ziemlich großer Unterschied im Vergleich zu den 305,00 Euro an Steuern ohne den Freistellungsauftrag!

Diese Rechnungen legen nahe, dass bei Investitionen solche Details, wie eben die Steuern, unbedingt beachtet werden sollten. Die Steuern, die Depotgebühren sowie die Kosten für den ETF oder den Aktienfonds an sich sollten daher nicht aus der Rechnung gestrichen werden, da von diesen Faktoren die Höhe der Rendite am Ende des Jahres abhängt.

Da in Deutschland nun einmal hohe Steuern anfallen, lohnt es sich, diese so stark wie möglich zu reduzieren. In diesem Fall ist das Mittel der Wahl eben ein Freistellungsauftrag, der früh genug eingereicht wird. Schließlich wollen wir einmal davon ausgehen, dass du im Laufe der Jahre jährlich eine schöne Rendite erzielst und es sich daher umso mehr für dich lohnt, die Steuerabgaben möglichst zu reduzieren.

AKTIENFONDS: TIPPS UND TRICKS ZUR ANLAGE UND RICHTIGEN AUSWAHL

Deutlich bekannter als ETFs sind bei den meisten Anlegern sicherlich immer noch Aktienfonds, da diese von Beratern aktiv beworben werden. Der Grund, warum die Aktienfonds bekannter als ETFs sind, liegt daher unter anderem daran, dass Fondsmanager und Berater im Allgemeinen an den Aktienfonds verdienen. Bei ETFs hingegen ist dies nicht der Fall und damit ist nachvollziehbar, warum noch immer eher wenige Anleger ETFs nutzen – einfach, weil diese nicht so stark beworben werden.

Natürlich bieten Aktienfonds gute Renditechancen und zugleich ein deutlich geringeres Risiko, als es bei Einzelaktien der Fall ist. Ein gewisses Risiko ist dennoch vorhanden und sollte auch nicht unterschätzt werden, wenn es um die Investition geht. Entscheidend ist bei einem solchen Fonds, dass die Kosten und der Inhalt der einzelnen Titel genau im Auge behalten werden, damit sich das Risiko wie auch die Gebühren in einem guten Rahmen halten.

Im Folgenden sollen die Kriterien, die für die Auswahl eines Aktienfonds ausschlaggebend sind, etwas genauer betrachtet werden, damit du dir ein Bild von den Möglichkeiten der Aktienfonds machen kannst. Ein kleiner Hinweis an dieser Stelle ist noch, dass du bei einer Empfehlung durch einen Fondsmanager oder direkt durch die Hausbank überlegen solltest, ob du einen solchen Fonds wirklich nutzen willst. Hierbei ist vor allem ein Blick auf die Kosten und auf die Chancen essenziell, da es sich nicht selten um teure Optionen handelt, bei denen nur noch eine geringe Rendite übrig bleibt.

Bisher habe ich persönlich mit diesen Empfehlungen keine sehr guten Erfahrungen gemacht. Daher kann es dir helfen, wenn du dir vor einem solchen Gespräch selbst einige Optionen heraussuchst, die für dich interessant sein könnten und in Frage kommen. Dafür zahlen sich ein wenig eigene Recherche und die Suche nach Empfehlungen aus, woran kein Manager etwas verdient.

Wichtige Faktoren für die richtige Auswahl deines Aktienfonds:

- Die Kosten

Ein Aktienfonds ist immer etwas kostspieliger als ein ETF, weil der Fonds aktiv verwaltet werden muss. Als Vorteil kann aber dafür angesehen werden, dass bei einer entsprechenden Entwicklung der Wirtschaftslage dadurch schneller reagiert werden kann, als es bei einem ETF überhaupt möglich ist. Dafür sorgen die Fondsmanager, die sich um die Verwaltung kümmern und eingreifen können, wenn es erforderlich ist. Auf diese Weise kann häufig eine höhere Rendite erzielt werden, als es ohne diese Verwaltung möglich wäre. Da die Fondsmanager an ihren Fonds verdienen, versuchen sie, diese aktiv zu verkaufen. Daher ist es verständlich, warum gerade Hausbanken immer wieder bestimmte Aktienfonds empfehlen und auf diese hinweisen.

Doch wie genau lassen sich die Kosten vergleichen, welche Kennzahlen gibt es und was kostet ein Aktienfonds im Normalfall jährlich? Grundsätzlich ist die Gebühr immer ein Prozentsatz der angelegten Summe, sodass kein fester Betrag angegeben werden kann, wie es zum Beispiel beim Depot der Fall ist. Ein Aktienfonds kostet im Normalfall zwischen 1 und 2,5 Prozent Gebühren jährlich, wenn alle Gebühren mit hineingerechnet werden. Daher lohnt sich ein genauer Vergleich schon. Beim An- und Verkauf fallen zusätzliche Gebühren an und das Depot muss ebenfalls bezahlt werden. Eine sehr bekannte Kennzahl für den Vergleich der Kosten bei Aktienfonds und ETFs ist die so genannte TER, die ich an dieser Stelle kurz erläutern möchte.

Es handelt sich bei der TER um die „Total Expense Ratio" (Gesamtkostenquote), die fast alle Kosten eines Aktienfonds (oder ETFs) zusammenrechnet und mit einem Prozentsatz angibt. Verwaltungsgebühren, Lizenzgebühren und das aktive Fondsmanagement – all das ist in der TER inbegriffen. Bei einem Aktienfonds liegt dieser Wert somit zwischen 1 und 2,5 Prozent, um dir eine genauere Vorstellung zu geben. Ein besonders günstiger ETF kann 1 Prozent oder sogar weniger jährlich kosten, aber da es ebenfalls günstige und sehr rentable Aktienfonds gibt, ist ein genauer Blick auf diese Kennzahl immer angeraten. Die TER gehört somit zu den Kriterien, die du beachten solltest, damit du dich für oder gegen einen bestimmten Titel entscheiden kannst.

- Die Risikoklasse

In diesem Buch hast du bereits mehr über die unterschiedlichen Risikoklassen erfahren, die bei Investitionen zu beachten sind. Passend dazu gibt es bei Aktienfonds ebenfalls eine Einstufung in Risikoklassen, die von 1 bis 7 reicht. Die Stufe 1 steht für „sehr sicher" (was bei Aktienfonds äußerst selten vorkommt) und die Stufe 7 für „sehr riskant". Dies hilft dir bei der Entscheidung für oder gegen einen Fonds, wenn du diese Risikoklassen betrachtest – wähle für den Anfang im Idealfall einen Fonds, der nicht in eine hohe Risikoklasse eingestuft wird. Durch diese Einteilung fällt dir das Finden einer relativ sicheren Anlage auf jeden Fall leichter.

- Der Inhalt

Was genau steckt hinter einem Aktienfonds und in welche Bereiche oder Regionen wird hierbei investiert? Dieser Punkt ist für die Auswahl deines Aktienfonds tatsächlich enorm wichtig, da von dessen Inhalt unter anderem abhängt, wie hoch oder niedrig das Risiko ist und wie es um die Chancen in Bezug auf die Rendite steht. Die Regionen, die Branchen und die Gewichtung der einzelnen Branchen spielen ebenfalls eine Rolle und sollten bei der Auswahl unbedingt berücksichtigt werden. Es gilt: Je spezieller der Fonds, desto riskanter wird die Anlage. Für Einsteiger bieten sich daher im Normalfall Optionen aus Industrieländern und aus zukunftsträchtigen Branchen an, zu denen beispielsweise Technologieunternehmen gehören können. In der Detailansicht eines Aktienfonds sind die entsprechenden Regionen, Schwerpunkte und Branchen zu finden. Außerdem ist darin ersichtlich, wenn einzelne Unternehmen stärker vertreten, also mit einem höheren prozentualen Anteil im Aktienfonds enthalten sind als andere.

Grundsätzlich sind die beiden Kriterien Kosten und Inhalt die beiden wichtigsten, die bei einem Aktienfonds ebenso wie bei einem ETF gründlich betrachtet und miteinander verglichen werden sollten. Der Inhalt entscheidet unter anderem darüber, ob eine gute Rendite erzielt werden kann oder ob dieser Titel langfristig eher riskant ist. Die Kosten sind aufgrund der langfristigen Anlegestrategie, die bei einem Fonds und einem ETF gefahren wird, maßgeblich, da sie sich summieren.

Es macht dabei schon einen Unterschied, ob die Anlage für 10, 20 oder nur für 5 Jahre geplant ist. Stelle dir einmal vor, deine Kosten betragen 2 statt der vielleicht möglichen 1,5 Prozent. Je nach Summe, die angelegt wird und sich im Depot befindet, und je nach Dauer der Anlage summieren sich hohe Kosten. Diese machen sich auch schon bei einem halben Prozent Unterschied bemerkbar. So betragen 2 Prozent von 1.000 Euro schließlich 20 Euro und 1,5 Prozent 15 Euro, wodurch sich langfristig ein gewisser Unterschied ergibt. Achte daher beim Vergleichen stets auf diese Punkte, um keine böse Überraschung zu erleben und in einen passenden Titel zu investieren.

ETFS: TIPPS UND TRICKS ZUR ANLAGE UND RICHTIGEN AUSWAHL

Ein ETF ist alles andere als eine einseitige Form der Geldanlage, sodass es in jedem Fall Sinn macht, sich vor dem Start der Investition so detailliert wie möglich über die unterschiedlichen Arten, die Besonderheiten und die Kosten von ETFs zu informieren. Außerdem kannst du dir die Auswahl eines ETFs schon etwas leichter machen, indem du auf die Empfehlungen einzelner Indizes hörst, die sich besonders lohnen. Gerade bei den ersten Investitionen fällt es einem oftmals leichter, wenn die Suche und Auswahl eines ETFs nicht so viel Mühe und Arbeit bereiten: Es gibt nämlich einige Optionen, die sich über viele Jahre hinweg als sinnvolle Investitionsformen erwiesen haben.

Deshalb sehen wir uns einmal einige Beispiele an, die dir genauer zeigen, welche Entwicklung deiner Investition du bestenfalls erwarten kannst, bevor wir weitere wichtige Details durchgehen. Natürlich gibt es keine Möglichkeit, in die Zukunft zu sehen, und es kann sehr gut sein, dass die Entwicklung der ETFs nicht genauso weitergeht wie bisher, doch wenn die Entwicklung der letzten Jahre sich nicht sehr verändert, dann kannst du mit einer deutlichen Wertsteigerung rechnen. Das beliebteste Beispiel ist der MSCI World, der Index, der durch eine Vielzahl von ETFs nachgebildet wird,.

Diesen Index möchte ich dir deshalb näher vorstellen, weil es sich hierbei um ein gutes Beispiel für einen ETF handelt, der über viele Jahre hinweg stabile Renditen eingebracht hat. Diesen Aktienindex gibt es schon seit 1970, er bildet die Entwicklung von mehr als 1.600 internationalen Unternehmen nach. Insgesamt kommen die Unternehmen aus 23 Ländern, die allesamt zu den Industrieländern gehören. Schwellenländer wie beispielsweise China oder Brasilien sind daher nicht in diesem Index vertreten. Es handelt sich um große oder sehr große Unternehmen, die aufgrund ihrer

Marktkapitalisierung in den Index aufgenommen wurden.

Die Marktkapitalisierung ist eine weitere Kennzahl, die für die börsennotierten Unternehmen von Bedeutung ist. Sie wird berechnet, indem man die Aktien, die frei verfügbar und nicht in eigener Hand der Inhaber sind, mit dem aktuellen Kurs an der Börse multipliziert. Gibt es zum Beispiel 1.000 Aktien und der Kurs liegt gerade bei 25 Euro pro Aktie, beträgt die Marktkapitalisierung 25.000. Dieser Wert hilft dir also dabei, ein Unternehmen einzuschätzen. Je höher der Wert bei der Marktkapitalisierung ausfällt, desto besser ist es daher oder desto wichtiger ist das Unternehmen.

Der MSCI World ist aber nicht nur aufgrund seiner Spezialisierung auf die Industrieländer von Interesse, sondern auch deshalb, weil durch die vielen enthaltenen Unternehmen eine sehr breite Streuung vorhanden ist. Anders gesagt ist durch die starke Verteilung der Unternehmen das Risiko geringer als bei einem ETF eines Index, der nur wenige Titel beinhaltet. Zum direkten Vergleich kannst du dir einen ETF des DAX ansehen, der nur 30 Unternehmen beinhaltet und keine so breite Streuung aufweist. Durch den größten Anteil an Aktienunternehmen weltweit mit einer entsprechenden Marktkapitalisierung sind die Unternehmen aus den USA mit mehr als 60 Prozent in diesem Index vertreten. Die Werte und die Zusammensetzung schwanken aber und können sich schnell verändern.

Trotzdem hat der MSCI World zwischen 1975 und 2019 in 44 Jahren eine durchschnittliche Rendite von 9 Prozent jährlich erreicht, konstant und über die gesamte Zeit gerechnet. Daher ist es kein Wunder, dass dieser Index sehr häufig als Beispiel für ETFs angebracht wird. Wenn du zum Beispiel über 10 Jahre monatlich 100 Euro anlegst, dann hast du nach 10 Jahren 12.000 Euro angelegt. Die Rendite sorgt aber, wenn die Entwicklung des MSCI World so weitergeht wie bisher, durch die entsprechenden Zinsen und Zinseszinsen dafür, dass du nach 10 Jahren bei fast 20.000 Euro stehst.

Obwohl keine Garantien möglich sind, handelt es sich hierbei sicherlich um ein interessantes Beispiel, welches eine nähere Betrachtung verdient, da hier die Bedeutung historischer Daten, die für alle ETFs nachprüfbar sind, deutlich wird.

- Die Kosten

Grundsätzlich handelt es sich bei einem ETF um eine wirklich günstige Option in Bezug auf die anfallenden Kosten. Der Grund dafür ist ganz simpel, denn es fallen keine Gebühren für das Management des Fonds an, die bei einem Aktienfonds anfallen. Dadurch ist ein ETF eine günstige Variante der Geldanlage – es handelt sich dabei um einen der größten Vorteile gegenüber dem Aktienfonds. Trotzdem fallen einige Kosten an, die du kennen und einschätzen können solltest. Gemeint sind hiermit unter anderem die Lizenz- und Verwaltungsgebühren, da zwar kein aktiver Fondsmanager nötig ist, trotzdem aber bestimmte Aspekte in Bezug auf die enthaltenen Titel und die Verteilung untereinander je nach Marktlage angepasst werden müssen.

Am einfachsten lassen sich die Kosten mit der im letzten Kapitel bereits erwähnten TER vergleichen. Wichtig ist es hier, dass in der TER des ETFs genau wie beim Aktienfonds keine Ausgabenaufschläge enthalten sind und nur jährliche laufende Kosten einkalkuliert werden. Die meisten guten und günstigen ETFs weisen eine TER von weniger als 2 Prozent auf.

Einmal angenommen, du hast 1.000 Euro im ersten Jahr in deinem ETF gespart und die Rendite liegt bei satten 7 Prozent. In diesem Fall hättest du 70 Euro Gewinn gemacht, bei dem keine Steuern anfallen, da der Betrag deutlich unter der Freigrenze liegt. Es handelt sich mit einer TER von 1,5 Prozent um einen günstigen ETF und das Depot ist hier als Angebot in den ersten drei Jahren gratis. Dann würdest du 15 Euro Gebühren im ersten Jahr bezahlen, die deinen Gewinn auf 55 Euro reduzieren. Das klingt nach wenig? Dieser ETF ist ohne Frage günstig und im Laufe der Jahre macht sich das durch den Zinseszinseffekt noch deutlicher bezahlt. Die Rendite kann natürlich genauso gut höher oder niedriger ausfallen. Betragen die Gebühren aber 30 Euro statt der 15 Euro bei gleicher Rendite, würde der Gewinn nur noch 40 Euro betragen, was natürlich nicht gerade viel ist. Achte daher bei der Auswahl eines ETFs unbedingt auf die genauen Kosten, da von diesen im Laufe der Zeit viel abhängt.

- Regionen und Branchen

Tatsächlich ist dieser Punkt neben den Kosten für die Auswahl eines ETFs entscheidend und sollte gründlich bedacht werden. Mit Regionen und Branchen ist, wie beim Aktienfonds auch, am Ende nicht mehr oder weniger als der Inhalt des ETFs gemeint. Zu den verschiedenen Möglichkeiten gehören spezielle Regionen wie Lateinamerika, Afrika oder Asien sowie einzelne Länder, Industrieländer, Drittländer oder Schwellenländer, um nur einige Varianten zu nennen.

Überprüfe daher vor einer Investition und beim Vergleichen der einzelnen Möglichkeiten die Regionen sowie die Branchen, die für den jeweiligen ETF eine Rolle spielen. Hier zeigt sich beim Analysieren aller Einzelheiten eines ETFs, wo dessen Schwerpunkte liegen. Achte außerdem darauf, dass möglichst keine Klumpenbildung vorhanden ist, wenn es darum geht, welche Unternehmen in dem ETF vertreten sind. Ein anschauliches Beispiel für die so genannte Klumpenbildung ist die Investition in einen ETF, der stark in die USA investiert und dort hohe Anteile von Unternehmen wie Apple, Facebook, Amazon und Microsoft aufweist, da diese Unternehmen ein großes Potenzial aufweisen und in einem ETF (oder Aktienfonds) somit nicht fehlen dürfen. Hier kann es vorkommen, dass mehr als 10 Prozent des ETFs auf nur 3 oder 4 Unternehmen entfallen, was durchaus einer Klumpenbildung entspricht.

Es macht des Weiteren einen großen Unterschied aus, ob du in einen MSCI World oder einen MSCI Emerging Market investierst. Natürlich fallen beide unter den Index MSCI, jedoch gibt es hier erhebliche Unterschiede bezüglich der Regionen, in die investiert wird. Einfach gesagt investiert der MSCI World in Industrieländer und der MSCI Emerging Market in Schwellenländer, wodurch sich zugleich ein unterschiedliches Potenzial ergibt, welches hier zum Vorschein kommt. Wer gerade erst mit seinen ersten Investitionen beginnt und noch vorsichtig in Bezug auf die Regionen und Branchen sein möchte, der sollte besser mit einem Titel beginnen, mit dem in Europa oder zumindest in Industrieländer investiert wird.

- Thesaurierend oder ausschüttend?

Ein ETF ist entweder thesaurierend oder ausschüttend und es ist wichtig, darauf zu achten, um welchen Typ es sich jeweils handelt. Falls dir diese Begriffe noch nichts sagen, kannst du beruhigt sein, da sie sehr schnell erklärt sind: Ein thesaurierender ETF investiert die erzielte jährliche Rendite wieder in Anteile, sodass ein Zinseszinseffekt entsteht. Bei einem ausschüttenden ETF werden diese Gewinne nach Abzug der Steuern ausbezahlt und nicht wieder neu investiert. Es steht bei einem ETF stets dabei, ob es sich um eine ausschüttende oder thesaurierende Variante handelt.

Für den Vermögensaufbau ist ein thesaurierender ETF besser geeignet, da auf diese Weise die Gewinne direkt wieder investiert werden. Ein ausschüttender ETF eignet sich vor allem dann für Anleger, wenn die Gewinne anderweitig investiert oder privat genutzt werden sollen. Die Wahrscheinlichkeit, die Gewinne für den privaten Konsum zu nutzen und nicht neu zu investieren, ist daher bei einem ausschüttenden ETF sehr hoch. Hier kommt es daher mit auf das Ziel der eigenen Anlagestrategie sowie auf die persönlichen Vorlieben an.

- Physisch oder synthetisch replizierend?

Ein wenig komplizierter wird es bei diesen beiden Begriffen, die nur wenige Einsteiger direkt mit einem ETF in Verbindung bringen können. Ein ETF ist entweder physisch oder synthetisch replizierend. Ein physischer ETF stellt eine genaue Nachbildung des Index dar, der seine Grundlage darstellt. Handelt es sich zum Beispiel um einen ETF, der den DAX physisch nachbildet, dann werden hier Anteile der 30 Unternehmen gekauft, die auch im eigentlichen Index enthalten sind – ohne große Abweichungen oder andere Aufteilungen. Ein solcher ETF ist übrigens mit Abstand die beliebteste Form der Privatanleger, da bei ihm leicht verständlich ist, worin investiert wird und welche Unternehmen in dem ETF enthalten ist. Wenn eine Liste der aktuell beliebtesten ETFs aufgerufen wird, dann ist dort übrigens kein Titel zu finden, der nicht zu den physischen Varianten gehört.

Das liegt nicht zuletzt daran, dass es nicht nur für Einsteiger ein wenig schwieriger zu verstehen ist, was einen synthetisch replizierenden ETF ausmacht. Es handelt sich hierbei um einen ETF, der den Index auf künstliche Weise und eben nicht exakt nachbildet. Es werden Tauschgeschäfte vorgenommen, damit die Rendite des zugrundeliegenden ETFs trotzdem noch gewährleistet werden kann. Doch in dieser Art von ETF können dann andere, weniger oder mehr Unternehmen als im ursprünglichen Index zu finden sein. Auf diese Weise wird zum Beispiel vermieden, dass schwer erhältliche Titel gekauft werden müssen, und es besteht die Möglichkeit, Chancen zu nutzen, die nur durch die Tauschgeschäfte in dieser Form möglich sind.

Tatsächlich ist keine der beiden Formen schlechter oder weniger ertragreich als die andere – und auch die Aussichten auf Renditen sind bei beiden Optionen sehr gut. Es kommt mehr darauf an, dass viele Anleger verstehen wollen, worin der ETF investiert, und es daher leichter finden, einen physischen, also nachbildenden, Titel zu nutzen. Das ist letztendlich eine persönliche Entscheidung – entscheidend ist hierbei vor allem, dass du weißt, was sich hinter diesen Begriffen verbirgt. Auf diese Weise fällt es dir leichter, die Vor- und Nachteile der einzelnen Optionen genau zu verstehen.

Nun kennst du die bedeutsamsten Aspekte, die du in Bezug auf einen ETF sowie auf einen Aktienfonds beachten solltest. Der Vorteil ist der, dass du beim detaillierten Blick auf das Angebot eines ETFs oder Aktienfonds mit Hilfe dieser Informationen genau weißt, wie du ihn jeweils einzustufen hast. Die Kosten, der Inhalt und die Verwendung der Erträge sind dir jetzt genauso klar wie die Regionen und Branchen, in die investiert wird. Da möglichst in keinen Titel investiert werden sollte, bei dem dir nicht bewusst ist, wo das Geld investiert wird, helfen dir solche Informationen bei der Auswahl eines passenden ETFs beziehungsweise Aktienfonds sehr weiter.

Du kannst beispielsweise nach einem ETF suchen oder dir eine Option eines MSCI World aufrufen, die du dir dann im Detail ansiehst. Beim Auswählen des ETFs oder Aktienfonds ist es stets hilfreich, wenn du die anfallenden Kosten ebenso wie den aktuellen Kurs, die jeweiligen Regionen oder Branchen sowie stark vertretene Unternehmen auf einen Blick erkennst.

Achte ebenfalls auf die bisherige Entwicklung der Kurse, auf die Tatsache, ob es sich um einen physischen ETF handelt oder nicht – und darauf, ob der ETF ausschüttend oder thesaurierend ist. Natürlich kannst du dich jederzeit für eine speziellere Version entscheiden, wenn du beispielsweise einen fairen ETF oder einen besonders nachhaltigen suchst. Wie du siehst, sind die Möglichkeiten hier beinahe endlos und es lohnt sich, einen Titel vor dem Kauf von Anteilen intensiv zu betrachten, damit du eine gute Entscheidung treffen kannst, mit der du langfristig zufrieden bist.

KEINE ANGST VOR KRISEN: WARUM EIN BÖRSENCRASH EINE CHANCE IST

Eines der häufigsten Argumente gegen die Investition an der Börse ist bei Einsteigern sicherlich die Angst vor einem Börsencrash, bei dem dann das ganze Geld verloren geht. Jedoch sollte eine Krise nicht nur als große Gefahr, sondern eben auch als Chance angesehen werden. In diesem Fall macht es absolut Sinn, die Angst vor einem Börsencrash abzulegen und diese nicht mehr als Grund dafür zu sehen, kein Geld zu investieren und das Geld auf einem Tagesgeldkonto liegen zu lassen.

Es gibt hauptsächlich zwei Gründe, warum es so ratsam ist, die Angst vor Krisen zu verlieren. Beide Gründe helfen dir dabei, in Zukunft eine Geldanlage ein wenig ruhiger anzugehen:

1. Jede Krise geht wieder vorbei – Geduld beweisen

Manchmal hilft schon ein kurzer Blick auf die Geschichte, um sich in Bezug auf Krisen und ihre Auswirkungen zu beruhigen. Wenn du in die Vergangenheit blickst, dann wirst du schnell sehen, dass sich die Kurse nach jeder Talfahrt wieder erholen. Das bedeutet, dass alle Krisen irgendwann vorbeigehen und es auf die entsprechende Geduld ankommt. Ein Fehler, den viele Anleger machen, ist der panische Verkauf aller Aktien oder ETFs, sobald der Kurs sinkt. Meist aus Angst, dass man sonst sein ganzes Geld verliert. Dabei sollte einem bewusst sein, dass ein ETF so gut wie nie insolvent geht und ebenso bei den Aktienfonds in den seltensten Fällen ein vollständiger Verlust des Geldes möglich ist. Ganz im Gegenteil – wenn du lediglich genug Geduld bewahrst, können die Kurse im Anschluss sogar höher steigen, als es vor der Krise der Fall war.

Ein kleiner Tipp für die Zeit, in der du dringend dein Geld benötigst, weil du Anschaffungen hast, könnte es daher sein, früh genug zu schauen, wie es um die Kurse steht. Auf diese Weise kannst du besser abschätzen, wann du verkaufen solltest, und musst nicht durch Verkäufe in letzter Minute den Verlust deiner Rendite befürchten.

2. Günstig in Krisenzeiten investieren

Krisen bieten für alle, die anlegen wollen, einen enormen Vorteil, der nie unterschätzt werden sollte: Die Kurse fallen und es lohnt sich wieder, neue Aktien, Anteile von Aktienfonds oder ETFs zu kaufen. Gerade in einer Krise sinken die Kurse oft so stark ab, dass der Kauf zu einem guten Zeitpunkt hinterher mit besonders hohen Renditen belohnt wird. Es ist allein entscheidend, bei stark fallenden Kursen tatsächlich zuzugreifen und nicht länger zu warten, da du nie höhere Gewinne erzielen wirst als in einer solchen Zeit. Als Beispiel könntest du dir die Kursverläufe im Jahr 2020 ansehen, die durch den Börsencrash im März einen starken Dämpfer erhalten haben. Im Anschluss sind die Kurse wieder stark gestiegen, sodass jeder, der im März am Tiefpunkt der Kurse investiert hat, schon innerhalb von nur wenigen Monaten hohe Gewinne erzielen konnte. Die Angst, nicht den tiefsten Punkt zu erwischen und im Anschluss Geld durch weiter absinkende Kurse zu verlieren, erscheint natürlich begründet. Du solltest allerdings bedenken, dass die Kurse ohnehin wieder steigen werden und selbst ein Gewinn von 5 oder 10 Prozent noch sehr viel ist. Daher ist es zweifellos besser, überhaupt zu einem solchen Zeitpunkt zu investieren, als die Chance einfach verstreichen zu lassen.

Das bekannteste Argument gegen eine Investition in Aktien und ETFs kann somit entkräftet werden und hat auf diese Weise zumindest nicht mehr so viel Gewicht.

ICH BRAUCHE MEIN GELD – DIE ENTSPARPHASE

Jeder private Anleger macht sich zunächst einmal Gedanken über den Aufbau eines Vermögens. Schließlich sind damit schon genug Hürden verbunden und es fällt Einsteigern nicht immer leicht, die richtige Wahl zu treffen und das Geld so anzulegen, dass es sich immer weiter vermehrt. Doch jetzt gehen wir einmal davon aus, dass dir mit dem Wissen und den Tipps aus diesem Buch, mit genug Geduld und einer positiven Entwicklung der Börse der Aufbau eines Vermögens gelungen ist. Nach vielleicht 15 oder 20 Jahren (oder vielleicht auch erst nach 35 Jahren) möchtest du von diesem Vermögen profitieren und es dir auszahlen lassen. Doch wie genau kannst du hierbei vorgehen, was ist zu beachten und welche Unterschiede gibt es im Vergleich zum früher üblichen Sparbuch?

Mit diesen Fragen kommen wir nun zur so genannten „Entsparphase", die dann von Bedeutung ist, wenn du dein Geld benötigst. Es gibt tatsächlich einige bedeutsame Unterschiede zwischen dem Verkauf von Wertpapieren oder dem Auflösen eines Wertpapierdepots und dem Abheben des Geldes von einem Sparbuch. Bei allen Wertpapieren ist stets der Zeitpunkt des Kaufs sowie des Verkaufs von Bedeutung. Einfach dann alle Wertpapiere zu verkaufen, wenn gerade das Geld benötigt wird, ist tatsächlich nicht die beste Idee. Es kann dann schnell passieren, dass durch ein solches Vorgehen Verluste eingefahren werden, die nicht zu unterschätzen sind und verhindert werden können. Letztendlich hängt die passende Entsparphase von vielen Faktoren ab, die dich ganz persönlich betreffen. Einige Beispiele hierfür wären, ob du die angesparte Summe in einem Betrag oder in Teilbeträgen erhalten möchtest und ob du allein die Rendite nutzen oder auch die Wertpapiere an sich verkaufen willst. Die unterschiedlichen Optionen schauen wir uns daher in diesem Kapitel detaillierter an.

Folgende Möglichkeiten gibt es für dich:

1. Vollständiger Verkauf in einer einmaligen Summe

Die einfachste Methode überhaupt ist sicherlich der Verkauf aller vorhandenen Wertpapiere in einer Summe. Diese Variante macht immer dann Sinn, wenn du das Geld die ganze Zeit für einen größeren Wunsch gespart hast und es nun in einer Summe benötigst. Egal, ob es sich um das Traumhaus, die große Renovierung, eine besondere Reise oder um andere Dinge handelt – wenn viel Geld auf einmal benötigt wird, sollte das Depot entsprechend vollständig verkauft werden. Bezüglich des perfekten Moments gibt es mehrere Möglichkeiten: Zum einen kann es sein, dass du dein Sparziel erreicht hast, zum anderen ist vielleicht ein Zeitpunkt gekommen, zu dem du dieses Geld schlicht benötigst. Wer seine Wertpapiere vollständig verkaufen will, sollte aber unbedingt die Entwicklung der Kurse beobachten und nicht einfach zu irgendeinem Zeitpunkt alles verkaufen.

Dabei können einige Wochen oder Monate schon große Unterschiede bedeuten. Stelle dir zum Beispiel vor, dass du in deinem Depot einen ETF und einen Aktienfonds hast. Du hast über viele Jahre hinweg gespart und beim ETF ganze 1.000 Anteile – beim Aktienfonds sind es 800 Anteile. Nehmen wir einmal an, dass ein Anteil des ETFs im Januar 50 Euro wert ist und im Juni 52 Euro. Das klingt nach einer geringen Differenz? Tatsächlich summiert sich dieser scheinbar kleine Unterschied zu einer Summe von 2.000 Euro (2 Euro Differenz und 1.000 Anteile). Im Januar verkaufst du die ETFs also für 50.000 Euro und im Juni für 52.000 Euro.

Die Unterschiede können je nach Kurs und Zeitpunkt sowie abhängig von der Situation am Markt sogar noch extremer ausfallen, und wenn wir einmal davon ausgehen, dass genau das Gleiche ebenfalls beim Aktienfonds passiert, dann sind die Unterschiede schon beachtlich. Zum Beispiel: Beim Aktienfonds wären die 800 Anteile mit einem Wert von 50 Euro im Januar 40.000 Euro und im Juni bei einem Wert von 52 Euro 41.600 Euro wert. Statt der insgesamt 90.000 Euro im Januar wäre dein gesamtes Depot im Juni 93.600 Euro wert – selbst wenn anschließend noch Steuern und Ausgabenaufschläge zu beachten sind, bleibt dennoch eine ansprechende Summe übrig.

Ob die Schwankungen so stark sind, wie es das Beispiel beschreibt, ist natürlich nicht garantiert. Gewisse Unterschiede sind bei den Kursen aber tatsächlich mit hoher Wahrscheinlichkeit zu beobachten. Gerade wenn schon einige Zeit im Voraus klar ist, dass das Geld zu einem bestimmten Zeitpunkt benötigt wird, lohnt es sich, früh genug zu handeln. Beginne damit, die Kurse zeitnah zu verfolgen, und warte nicht bis zum letzten Moment, bis das Geld unbedingt benötigt wird.

Selbstverständlich ist es nicht leicht, den perfekten Zeitpunkt exakt abzupassen. Ein wenig optimieren lässt sich der Moment des Verkaufs aber schon. Von großer Bedeutung ist aber, dass du dich im Anschluss nicht ärgerst, weil du vielleicht doch etwas zu früh oder zu spät verkauft hast. Das lässt sich schließlich nie perfekt einschätzen. Diese Form des Verkaufs der Anteile ist aber ohne Frage ideal, wenn du bestimmte Ziele hast, für die eine große Geldsumme erforderlich ist.

Die eine Möglichkeit besteht darin, in einem bestimmten Jahr oder nach einer von dir festgesetzten Zeit die Anteile zu verkaufen, weil du es so geplant hast. Die andere Option wäre, dass das Erzielen einer festen Summe angestrebt wird. Du könntest dir von Anfang an zum Beispiel 100.000 Euro als Ziel setzen und möchtest dieses erreichen – sobald dein Depot bei 100.000 Euro steht, kannst du dieses zu einem günstigen Zeitpunkt verkaufen. Das bleibt ganz dir überlassen, fest steht jedoch, dass die einmalige Auszahlung nur dann Sinn macht, wenn du das gesamte Geld auf einmal benötigst und nicht länger warten möchtest oder kannst.

Wird das zurückerlangte Geld dann beispielsweise in einem Zeitraum von 5 Jahren verbraucht, hätte es mehr Sinn gemacht, jedes Jahr 20.000 Euro (oder entsprechend bei einer anderen Summe 1/5 dieser Summe) in Form von Anteilen zu verkaufen. Der Grund ist, dass auf diese Weise die restliche Summe weiterhin für Rendite sorgen kann und die Gesamtsumme noch weiter vermehrt wird. Bei einer Rendite von 5 Prozent machen 10.000 Euro im Jahr immerhin 500 Euro Unterschied aus. Falls beispielsweise sogar noch 80.000 Euro für das nächste Jahr übrig bleiben, ist hier schon ein deutlicher Unterschied erkennbar. Damit kommen wir direkt zur nächsten Variante der Entsparphase, die ebenfalls eine beliebte Option darstellt.

2. Schrittweiser Verkauf zur Erzielung einer Rente oder für ein Zusatzeinkommen

Eine beliebte Möglichkeit in der Entsparphase ist ebenso der schrittweise Verkauf der Wertpapiere, um sich eine Art Rente oder ein regelmäßiges Zusatzeinkommen zu verdienen. Dabei kannst du dir selbst überlegen, ob du eine monatliche, quartalsweise oder gar jährliche Auszahlung haben möchtest.

Dabei kommt es auf den Verwendungszweck des Geldes an, um besser planen zu können. Nicht jeder bevorzugt eine monatliche Auszahlung. Daher sollte dir erst einmal bewusst sein, wofür du dein Geld benötigst und auf welches Ziel hin du es angelegt hast. Beliebt ist beispielsweise die Variante, sich im Alter mehr gönnen zu können oder die Rente aufzubessern (oder eine vollständige Rente zu erhalten).

Sagen wir einmal, dass dein Depot auf eine Summe von 100.000 Euro angewachsen ist und du jetzt mit der Entsparphase, also dem Auszahlungsplan, beginnen möchtest. Geplant hast du, dass du dir über 20 Jahre hinweg jedes Quartal, also alle drei Monate, eine bestimmte Summe auszahlen lässt. Die Rendite beträgt 5 Prozent im Durchschnitt – natürlich können diese Werte schwanken, es geht hier vor allem darum, eine Beispielrechnung aufstellen zu können. Am Ende dieser 20 Jahre soll dein Depot leer und es soll kein Kapital mehr vorhanden sein.

Du könntest dir über 20 Jahre hinweg alle 3 Monate jeweils 1.945,27 Euro auszahlen lassen. Hierin ist die Rendite, die in der restlichen Laufzeit noch anfällt und dein Vermögen weiterhin steigert, schon inbegriffen. Tatsächlich fallen die Zinsen beträchtlich aus und summieren sich stark über die 20 Jahre der Entnahme des Kapitals hinweg. Am Ende werden bei diesem Beispiel 155.621,99 Euro statt der vorher angesparten 100.000 Euro entnommen. Zusätzlich ist hierbei von Vorteil, dass der Freistellungsauftrag jedes Jahr so gut wie nur möglich ausgenutzt wird, damit die Renditen hoch ausfallen und nicht unnötig geschmälert werden.

Bleiben wir noch einmal beim gleichen Beispiel und sagen nun, dass immer am Anfang des Monats, anstatt alle drei Monate, über 20 Jahre hinweg eine Summe entnommen werden soll. Damit könntest du dir monatlich 651,06 Euro nach dieser Rechnung auszahlen lassen, die deine Rente erhöht oder für spezielle Ausgaben genutzt werden kann. Durch die monatliche Auszahlung kleinerer Beträge statt der vierteljährlichen größeren Auszahlung werden am Ende 156.223 Euro ausgezahlt, sodass ein leichter Vorteil in Bezug auf die Rendite möglich ist.

In diesem Fall handelt es sich also um eine zeitlich begrenzte Rente mit Kapitalverzehr, da die Wertpapiere nach und nach verkauft werden. Genauere Konditionen sowie die exakte Höhe der Auszahlungen lassen sich im Internet mit speziellen Auszahlungsrechnern berechnen. Zusätzlich bieten manche Depots heutzutage einen Entnahmeplan an, wodurch die Planung der Entsparphase tatsächlich ein wenig vereinfacht wird und nicht mehr mit so einem hohen persönlichen Zeitaufwand verbunden ist. Falls die angesparte Summe also nicht sofort und vollständig benötigt wird, macht es Sinn, mehrere Auszahlungen vorzunehmen.

Es ist letztendlich gar nicht so entscheidend, ob du monatliche, vierteljährliche oder jährliche Auszahlungen bevorzugst – über die restliche Zeit kann dein weiterhin angelegtes Geld wachsen, da weiterhin Renditen erzielt werden. Wie beim vorherigen Beispiel handelt es sich um enorme Unterschiede, die umso drastischer werden, je länger der Auszahlungszeitraum dauert und je höher die angesparte Summe im Depot ist.

3. Zehrung der Zinsen – kein Angreifen der Wertpapiere

Kommen wir zur letzten Option, bei der allein die Zinsen genutzt werden, nicht jedoch das angelegte Kapital. Für diese Variante ist tatsächlich ein ausschüttender Fonds oder ein ebensolcher ETF die beste Möglichkeit. Falls nicht in einen solchen investiert wurde, kannst du zu einem guten Zeitpunkt umschichten und von den Renditen profitieren: Mit „Umschichten“ ist gemeint, dass die Wertpapiere im Depot zu einem günstigen Zeitpunkt verkauft werden, damit in einen anderen Titel, also in ein anderes

Wertpapier, eingekauft werden kann. Das macht natürlich nur dann Sinn, wenn sich die Verluste hierbei stark in Grenzen halten und nicht zu hoch ausfallen. Man sollte also nur dann in einen ausschüttenden Fonds wechseln und nicht bei einem thesaurierenden bleiben. Diese Strategie ist letztendlich in dem Fall interessant, wenn die beschriebene Methode der Entnahme der Zinsen genutzt wird und lediglich die Zinsen verwendet werden sollen.

In diesem Fall würdest du die jährlichen Renditen nach Abzug der Steuern nutzen und nicht wieder neu investieren. Die bereits vorhandenen Wertpapiere werden bei dieser Strategie nicht mehr vermehrt, jedoch ebenso wenig verkauft. Das Depot bleibt somit vorhanden, es wächst zwar nicht mehr an, aber dafür kannst du die Zinsen für besondere Wünsche ausgeben, die du vielleicht hast. Die Wertpapiere bleiben bestehen und könnten, um nur ein Beispiel zu nennen, an die Kinder oder den Partner vermacht werden. Hierbei würde es sich dann um ein Erbe handeln, welches im Laufe der Jahre noch an Wert zunehmen wird, bis die Wertpapiere irgendwann verkauft werden. Oder die Kinder nutzen später ebenfalls die Rendite, die ausgeschüttet wird.

Mit Hilfe eines Rechenbeispiels wird schnell ersichtlich, warum diese Option gar nicht mal so verkehrt ist, falls das Geld als zusätzlicher Puffer eingeplant wurde. Übrigens ist diese Variante auch als „ewige Rente“ bekannt und zeichnet sich dadurch aus, dass kein Kapitalverzehr stattfindet, was tatsächlich für einen großen Unterschied in Bezug auf das weiterhin vorhandene Vermögen sowie bezüglich der Gewinne sorgt.

Bleiben wir einmal beim zuvor beschriebenen Beispiel, bei dem du 100.000 Euro angespart hast und bei dem du eine Rendite von 5 Prozent jährlich erhältst. Du möchtest das Kapital nun nicht angreifen und willst die Rendite nutzen. Monatlich kannst du 405,68 Euro entnehmen und wirst nach 20 Jahren noch immer 100.000 Euro im Depot haben – Gleiches gilt nach 25 oder 30 Jahren. Leichter ist bei diesem Rechenbeispiel aber sicherlich die Variante, dass die Zinsen einmal im Jahr statt jeden Monat entnommen werden, da diese im Normalfall jährlich ausgeschüttet werden. Jedes Jahr erhältst du dann 4.760,90 Euro, bei denen es sich um die Rendite handelt.

Es wird also sichtbar, warum es sich oftmals lohnen kann, die Wertpapiere nicht direkt zu verkaufen, sondern vorerst zu behalten. Die Renditen fallen auf diese Weise höher aus, da sich an dem zugrundeliegenden Kapital nichts verändert, und deine Kinder wären mit Sicherheit froh über ein solches Vermögen, welches wahlweise jährlich fast 5.000 Euro Rendite abwirft oder stetig weiterwächst, wenn das Geld jeweils neu investiert wird.

Welche Option wäre für dich persönlich besonders interessant? Sehr beliebt ist die Option, sich über Jahre hinweg in Teilbeträgen das Vermögen auszahlen zu lassen und die Wertpapiere damit schrittweise zu verkaufen. Wer seinen Kindern ein Erbe hinterlassen möchte, kann sehr gut die letzte Variante, also die Auszahlung der Zinsen, nutzen.

Doch natürlich kann es genauso gut vorkommen, dass du die gesamte Summe auf einmal benötigst und nicht warten möchtest oder kannst. Wer auf ein Grundstück, ein Haus oder auf eine Weltreise hin gespart hat, wird sich am besten für diese Variante der Entsparphase entscheiden. Du kannst den Blick schon jetzt auf die Zukunft richten und dir eine für dich passende Option aussuchen – oder du wartest noch und behältst einfach erstmal im Hinterkopf, welche Möglichkeiten du später haben wirst. Schließlich können sich Wünsche im Laufe der Jahre verändern, daher ist es nicht immer sinnvoll, alles von Anfang an exakt durchzuplanen.

Dank der Informationen aus diesem Kapitel weißt du jetzt schon einmal, welche Varianten der Auszahlung es in der Zukunft gibt, was dir sicherlich auch etwas Unsicherheit nimmt.

SCHLUSSWORT ZU ETFS UND AKTIENFONDS

Wenn es um die perfekte Einstiegsmöglichkeit für Investitionen an der Börse geht, sollten ETFs und Aktienfonds unbedingt bedacht werden. Diese Formen der Geldanlage sind selbst ohne ein sehr umfangreiches Wissen und das ständige Verfolgen der aktuellen Nachrichten für Einsteiger möglich und bieten sogar ansprechende Renditen, ohne dass die Gefahr eines Verlusts zu groß wird. Sowohl Einsteiger als auch Fortgeschrittene sollten daher ruhig einen oder zwei ETFs sowie einen günstigen Aktienfonds im Depot haben, der das gesamte Portfolio ergänzt. Auf diese Weise können im weiteren Verlauf der eigenen „Anlegerkarriere" Risiken aufgefangen und ausgeglichen werden.

Es gibt eine Vielzahl an ETFs und Aktienfonds auf dem Markt, sodass einem die Auswahl nicht unbedingt leichtfällt. Für Einsteiger ist es in jedem Fall empfehlenswert, sich nicht auf zu spezielle und damit riskantere Titel zu konzentrieren, sondern mehr auf die großen und ertragreichen Varianten zu setzen. Kleine monatliche Sparbeträge von 25 oder 50 Euro können bereits genauso interessante Ergebnisse einbringen, wie es bei Einmalzahlungen in Höhe von 500 oder 1.000 Euro oder noch höheren Beträgen der Fall ist. Das Wichtigste bei diesen Formen der Geldanlage ist es sicherlich, Geduld zu beweisen. Natürlich kann sich die Anlage bereits nach einem Zeitraum von nur fünf Jahren lohnen – im besten Fall hast du aber 10 bis 15 Jahre Zeit. So lassen sich Kursschwankungen ausgleichen und die Zinseszinsen summieren sich, sodass sich die Investition auch lohnt.

Das Schöne an ETFs und Aktienfonds ist, dass du hierfür nicht ständig die Nachrichten überprüfen oder gar zittern musst – es handelt sich bei beiden um eine relativ sichere Form der Geldanlage. Du interessierst dich ebenfalls für den Kauf von Einzelaktien und möchtest vielleicht sogar die Aktien von Unternehmen direkt nach ihrem Börsengang kaufen? Oder dich am Daytrading versuchen und dir damit ein Nebeneinkommen aufbauen? Dann findest du alle grundlegenden Informationen zu diesen Anlageformen in den nächsten beiden Büchern dieser dreiteiligen Serie.

Ich hoffe, dass ich mögliche Zweifel in Bezug auf eine Investition in ETFs und Aktienfonds ausräumen konnte und dass dir die Informationen in diesem Buch dabei helfen, die perfekte Anlageform für dich zu finden!

BONUS: ZEHN TIPPS FÜR DEN VERMÖGENSAUFBAU

Sich ein Vermögen aufzubauen, ist auf den ersten Blick nicht so einfach, zumindest dann nicht, wenn das entsprechende Wissen nicht vorhanden ist. Damit du schon für den Start besser gewappnet bist, findest du an dieser Stelle zum Abschluss noch zehn Tipps für den Vermögensaufbau, die dir beim Einstieg helfen können.

Abgesehen davon, dass es von großer Bedeutung ist, zuerst einmal zu verstehen, was mit einem ETF oder einem Aktienfonds überhaupt gemeint ist, gibt es doch neben diesem theoretischen Wissen noch eine Reihe weiterer Punkte, die du umsetzen kannst, damit es dir leichter fällt, jetzt direkt anzufangen. Außerdem gibt es typische Fehler von Anlegern, die du mit den folgenden Tipps vermeiden kannst. So kannst du die besten Ergebnisse erzielen:

1. Konsumschulden abbauen

Ein typischer Fehler beim Vermögensaufbau und beim Investieren in jede Art von Wertpapieren ist es, Konsumschulden zu haben und trotzdem Geld anzulegen. Die Rendite der jeweiligen Anlage wird in den meisten Fällen sicherlich nicht so hoch sein, wie es die Zinsen bei den Schulden sind. Zumindest ist das meistens so, da bei der Überziehung eines Bankkontos oder bei einem Kreditkartenkonto oft mehr als 10 Prozent Zinsen anfallen. Doch selbst bei einem wirklich günstigen Kredit, der vielleicht rund 5 Prozent Zinsen kostet, macht es keinen Sinn, etwas zu investieren, bevor diese Schulden nicht abbezahlt sind – im besten Fall sorgst du daher erst einmal dafür, dass du keine Konsumschulden mehr hast, damit du danach sinnvoll etwas anlegen kannst.

Ein Hinweis wäre hierbei noch zu erwähnen: Mit Konsumschulden sind keine Hypotheken für beispielsweise Häuser und Grundstücke gemeint, die am Ende wiederum das eigene Vermögen erhöhen werden. Es sind lediglich diejenigen Schulden gemeint, die entstehen, wenn das Konto überzogen wird oder wenn etwas mit Ratenzahlung und Zinsen für diese Form der Zahlung gekauft wird. Es lohnt sich daher in jedem Fall, seine Ausgaben im Griff zu haben und nicht über die eigenen Verhältnisse zu leben, um solche unnötigen Kosten von vornherein zu vermeiden.

2. Nur bereits vorhandenes Geld investieren

Es gibt tatsächlich eine goldene Grundregel, die für alle Investitionen von Bedeutung ist (ausgenommen ist wiederum der Kauf von Immobilien und von anderen großen Posten): Investiere nur vorhandenes Geld! Das bedeutet im Umkehrschluss, dass niemals ein Kredit aufgenommen werden sollte, um Geld zu investieren. Kaufe daher auf keinen Fall ETFs oder Anteile an Aktienfonds auf Kreditbasis. Ganz egal, von wem der Kredit stammt. Die einzige Investitionsform, bei der diese Regel nicht gilt, ist das Daytrading, welches allerdings eine spezielle und vor allem eine Option für fortgeschrittene Anleger darstellt, die zudem nicht auf den langfristigen Vermögensaufbau ausgerichtet ist. Falls du kein Geld für eine Einmalzahlung zum Anlegen zur Verfügung hast, dann beginne mit einem Sparplan mit einer überschaubaren Summe. Sollte selbst diese kleine Summe nicht vorhanden sein, kannst du direkt den nächsten Tipp beherzigen, um deine Ausgaben zu optimieren.

3. Ausgaben optimieren und mehr erreichen

Kannst du gut mit Geld umgehen, sparst regelmäßig und hast eigentlich nie Probleme, mit deinem Geld auszukommen? Dann gehörst du zu den Menschen, die schon ein gutes Grundgerüst haben, um mit dem Investieren an der Börse zu beginnen. Allerdings kommt es häufig vor, dass das Geld nicht wirklich ausreicht und am Ende des Monats kaum etwas davon übrig bleibt. In diesem Fall ist es unerlässlich, erst dann Geld zu investieren, wenn du es geschafft hast, deine Kosten zu optimieren.

Gehörst du zum ersten Typ Mensch, dann musst du eigentlich nur noch damit aufhören, das gesparte Geld so wegzulegen, dass es keine Rendite einbringt. In diesem Fall kannst du beispielsweise einen monatlichen Sparplan mit einer vorher genau festgelegten Summe einrichten oder vielleicht sogar eine Einmalzahlung leisten – je nachdem, wie hoch dein Angespartes bereits ist. Auf diese Weise wirst du schnell einen deutlichen Vermögensaufbau beobachten können. Reicht bei dir das Geld aber nie aus, macht es Sinn, zuerst einmal genau deine Ausgaben zu betrachten und sie dann zu reduzieren. Hilfreich sind dabei unter anderem Apps, die alle deine Einnahmen und Ausgaben genau aufzeichnen.

Im nächsten Schritt ist es sinnvoll, die eigenen Konsumausgaben zu reduzieren, um mehr vom eigenen Geld zu haben. Oftmals leicht zu reduzieren sind Ausgaben für Kleidung, elektronische Geräte, Restaurantbesuche und andere Ausgaben in Bezug auf die Freizeit. Es macht also einen großen Unterschied, die einzelnen Ausgaben zuerst genauer zu betrachten und dann soweit wie möglich zu optimieren. Lediglich mehr zu verdienen als zuvor, wird nur für einen Moment etwas bringen, wenn die Ausgaben sich nicht in einem gewissen Rahmen bewegen. Der erste Schritt, um mehr Geld zur Verfügung zu haben, ist daher, die eigenen Ausgaben zu reduzieren.

4. Auf mehrere Titel und Vielfalt setzen

Wenn du nicht gerade nur 25 oder 50 Euro monatlich investieren kannst, sondern etwas mehr, dann solltest du auf mehrere Titel bei der Geldanlage setzen. Eine gewisse Vielfalt, auch Diversifikation genannt, senkt das Risiko der Anlage und hilft dir ebenfalls dabei, gegebenenfalls eine höhere Rendite zu erhalten. Schließlich ist es nicht sicher, dass sich alle Aktienfonds oder ETFs gleich entwickeln. Ein Beispiel: Du möchtest monatlich 200 Euro investieren. Dann könntest du jeweils 50 Euro in zwei gute ETFs und je 50 Euro in zwei Aktienfonds investieren, um eine gewisse Vielfalt zu schaffen. Mit der Zeit und mit mehr Erfahrung bietet es sich dann noch an, zusätzlich in einzelne Aktien oder in Dividendenaktien zu investieren, um eine noch größere Vielfalt zu erzielen.

5. Wissen vor der Investition aufbauen

Warren Buffet hat es nicht nur durch seine sehr erfolgreichen Investitionen geschafft, sich ein Vermögen aufzubauen, sondern er hat darüber hinaus viele gute Ratschläge für alle Einsteiger parat. Dazu gehört unter anderem der Grundsatz, dass nie in Aktien investiert werden sollte, wenn das Geschäft des Unternehmens nicht verstanden wird. Wer also in ein bestimmtes Unternehmen investieren und die entsprechenden Aktien kaufen möchte, sollte sich vorher mit diesem Geschäft und mit allem, was dahintersteht, ausführlich beschäftigen.

Selbst wenn es hierbei erst einmal nicht um den Kauf einzelner Aktien, sondern um die Investition in Aktienfonds geht, gilt der gleiche Grundsatz. Du kennst dich im Bereich Pharma, Chemie oder beim Thema „Nahrungsmittel" sehr gut aus, jedoch gar nicht im Bereich der Automobilindustrie? Dann solltest du am besten in die Bereiche investieren, die du gut kennst, oder aber dir das fehlende Wissen aneignen, um zu verstehen, worum es geht. Alle, die sich auskennen und genau wissen, worin sie investieren, können auch Chancen, Krisen und die generelle Stimmung in einer Branche besser einschätzen oder sich zumindest leichter ins jeweilige Thema einarbeiten.

6. Langfristig denken – nicht zu schnell aufgeben

Es handelt sich bei Aktienfonds und ETFs wie gesagt nicht um Optionen, die für die kurzfristige Geldanlage gedacht sind. Ganz im Gegenteil, viel wichtiger ist es in beiden Fällen, langfristig zu denken und nicht schon nach einem oder nach zwei Jahren alles wieder zu verkaufen. Einmal davon abgesehen, dass das Risiko durch einen längeren Zeitraum insgesamt sinkt, lohnt es sich auch aufgrund der Rendite, der Zinsen und Zinseszinsen viel mehr, langfristig zu investieren.

Daher sollte der angestrebte Zeitraum am besten bei mindestens 10 bis 15 Jahren liegen. Sollte die Geldanlage sich zu Beginn noch nicht so gut entwickeln, dann lohnt es sich hier umso mehr, ein wenig Geduld zu beweisen und auf diese Weise langfristig hohe Gewinne zu machen.

7. Buy and Hold – Einmal kaufen und möglichst lange halten

Der langfristigen Geldanlage ähnlich ist die so genannte Buy-and-Hold-Strategie, die sich vielfach bewährt hat. Wer Aktien, Anteile von Fonds oder ETFs kauft, sollte diese erst einmal halten. Es lohnt sich häufig, zu einem guten Zeitpunkt zu kaufen und dann erst Jahre später, oder vielleicht auch gar nicht, zu verkaufen – und dadurch beispielsweise die Rendite oder Dividenden zu nutzen, die ausgeschüttet werden. Vielleicht möchtest du für das Alter vorsorgen oder hast Kinder, denen du die Wertpapiere weitergeben willst. Für solche Pläne lohnt sich dieses Vorgehen ebenfalls. So oder so ist es beim klassischen Investieren in Aktienfonds und ETFs nicht sinnvoll, diese Titel nur kurzfristig zu kaufen. Stocke lieber langfristig dein Depot auf, damit es sich tatsächlich für dich lohnt.

8. Jede Krise sinnvoll nutzen

Im letzten Kapitel hast du bereits erfahren, dass Krisen nicht automatisch als negativ angesehen werden sollten, sondern vielmehr als eine Chance. Nutze daher Krisen und reagiere dann, wenn die Kurse wieder auf Talfahrt sind. Selbst wenn du einmal eine Krise verpasst, gibt es sicher noch einige andere, die im Laufe der Jahre vorkommen und die dir tatsächlich dabei helfen können, dir noch schneller ein Vermögen aufzubauen.

Du kannst während einer Krise im Normalfall ETFs oder Anteile von Aktienfonds zu einem deutlich geringeren Kurs kaufen, als es sonst der Fall ist. Erfahrene Anleger kaufen in solchen Zeiten sogar Aktien von einzelnen Unternehmen, von denen sie sich einen besonders großen Wertzuwachs im Anschluss versprechen. Sobald die Kurse dann wieder steigen, ist die Geldanlage schnell besonders viel wert. Und es gibt schließlich keinen Moment, in dem eine Investition zu günstigeren Konditionen möglich ist als dann, wenn gerade eine Krise eingetreten ist und alle Kurse scheinbar ins Bodenlose fallen.

9. Nicht zu sehr spezialisieren

Es gibt eine kaum überschaubare Vielfalt an ETFs und Aktienfonds, die in verschiedenen Branchen oder Regionen angesiedelt sind. Allerdings gibt es genauso ganz spezielle Optionen, die vielleicht bestimmte persönliche Kriterien wie den Wunsch, den fairen Handel oder eine ganz bestimmte Region zu unterstützen, ansprechen. Hierbei kann es allerdings passieren, dass diese Titel zu sehr spezialisiert sind und dann nicht mehr mit Gewinnen zu rechnen ist, weil das Risiko durch die starke Spezialisierung auf eine kleine Region oder auf eine wenig beachtete Branche steigt.

Oder mit sehr geringen Gewinnen, die bei anderen Optionen deshalb größer ausfallen können, weil sie nicht so spezialisiert sind. Achte daher gerade beim Wunsch des Vermögensaufbaus darauf, dich nicht zu sehr zu spezialisieren, und wähle besser einen allseits empfohlenen Titel, der wirklich gute Aussichten mit sich bringt. Dadurch ist die Wahrscheinlichkeit letztlich größer, sich ein gewisses Vermögen aufbauen zu können.

10. Kosten sowie die Rendite im Blick behalten

Natürlich spielt die Rendite beim Anlegen stets eine große Rolle und sollte genau analysiert werden. Genauso wichtig sind jedoch ebenfalls die anfallenden Kosten, zu denen nicht nur die Steuern gehören, die auf die Gewinne gezahlt werden müssen. Vor allem die Depotgebühren, die Ordergebühren und weitere mögliche Kosten, die direkt mit der Investition zusammenhängen, sollten keinesfalls vergessen oder ignoriert werden. Durch einen umfassenden Vergleich zwischen einzelnen Anbietern und den jeweiligen Kosten fällt es dir leichter, die Kosten im Blick zu behalten und sie nicht zu unterschätzen. Notfalls bietet es sich in manchen Fällen an, zu einem anderen Depot zu wechseln und die Wertpapiere mitzunehmen – das ist tatsächlich möglich und kann in sehr vielen Fällen Sinn machen.

Dabei sollte abschließend noch einmal betont werden, dass die vorgestellten Tipps sich zwar auf Investitionen im Allgemeinen beziehen, jedoch vor allem auf Aktienfonds und ETFs. Beim Kauf von Einzelaktien, bei der Investition in neu an der Börse einsteigende Unternehmen sowie bei allen anderen Investitionsformen sind noch weitere beziehungsweise teilweise ganz andere Tipps und Tricks für den finanziellen Erfolg entscheidend. Aus diesem Grund richten sich die Informationen in dem ersten Teil des Buches vor allem an die Interessenten, die in Aktienfonds und ETFs investieren und sich mit diesen Optionen langfristig ein Vermögen aufbauen möchten.

EINZELAKTIEN: WARUM?

Die früheren Zeiten, in denen immer empfohlen wurde, in Tagesgeldkonten, Sparbücher oder auf andere Weise zu investieren und das Geld möglichst sicher anzulegen, sind schon längst vorbei. Schließlich gibt es heute einfach keine Möglichkeiten mehr, noch Zinsen auf das so gesparte Geld zu bekommen.

Wer also echte finanzielle Freiheit erreichen möchte, muss sich andere Wege einfallen lassen, damit das überhaupt noch möglich ist. In diesem Buch möchte ich deshalb auf das Thema „Aktien" eingehen – alle Typen von Aktien, von Einzelaktien über Dividendenaktien bis hin zu IPOs, sollen hier näher erläutert werden. Es handelt sich um den zweiten Teil einer dreiteiligen Buchreihe und da es im ersten Teil um die wohl sichersten Optionen für Investitionen an der Börse, also um Aktienfonds und ETFs ging, sollen in diesem Buch nun einzelne Aktien der Unternehmen im Fokus stehen.

Ein gewisses wirtschaftliches Grundverständnis ist für die Investition in einzelne Aktien besonders wichtig, da du immer wissen solltest, worin du gerade investierst und was hinter diesem Unternehmen steckt. Erst dann können gute Entscheidungen für eine Investition getroffen werden. Nicht zuletzt gibt es viele Unterschiede zwischen den einzelnen Aktien, da die Aktie eines Unternehmens direkt nach dem Börsengang weniger sicher ist als eine solche, bei der bereits seit 20 Jahren jährlich Dividenden ausgeschüttet werden. Attraktive Renditen sind aber in jedem Fall möglich und sollten nicht unterschätzt werden: So wird es für dich möglich, finanzielle Freiheit zu erlangen.

Für den schrittweisen Aufbau eines Vermögens ist es somit entscheidend, dass du die richtigen Aktien auswählst und dein Depot intelligent zusammenstellst. Informationen, Tipps und Tricks sowie viele Hinweise, mit denen auch erfahrene Aktionäre handeln, unterstützen dich dabei. In diesem Buch findest du neben allen wichtigen Informationen auch viele Tipps für den Einstieg und Hinweise zur historischen Entwicklung einiger Aktien, die Hoffnung auf ansprechende eigene Gewinne macht. Wer mehr auf Sicherheit gehen möchte, beginnt mit Dividendenaktien, die dir sehr gute Möglichkeiten bieten. Und wer wirklich den Nervenkitzel liebt und auch mal etwas riskieren möchte, ist bei den Neueinsteigern an der Börse genau richtig – denn hier wissen nicht einmal die Finanzexperten, wie sich eine solche Aktie noch entwickeln wird. Es lohnt sich jedoch in jedem Fall, sich an die Börse zu trauen und das eigene Depot entsprechend zu ergänzen.

An dieser Stelle wünsche ich dir erst einmal viel Erfolg und viel Spaß bei der Investition in Aktien und wünsche dir, dass du nicht davor zurückschreckst, auf diese Weise deine finanzielle Freiheit zu erreichen. Es handelt sich dabei zweifellos um eine Möglichkeit, die bestehende Inflation auszugleichen und trotz der nicht mehr vorhandenen Zinsen eine gewisse Rendite, also einen Gewinn, zu erzielen.

INVESTITION IN AKTIEN: DARUM LOHNT ES SICH

Die Zeiten der Sparbücher, Tagesgeldkonten oder des Festgeldes sind längst vorbei. Früher gab es hier problemlos vier oder fünf Prozent Zinsen jährlich auf den gesparten Betrag – frei von Risiken (außer dem Fall, dass es die Bank irgendwann nicht mehr gab) und so angelegt, dass, zumindest beim Sparbuch und beim Tagesgeldkonto, das Geld auch sehr schnell verfügbar war. Heute gibt es keine Zinsen mehr oder es gibt zwar noch Zinsen, doch diese fallen so gering aus, dass das eigene Geld durch die Inflation immer weniger Wert sein wird. Ein Rechenbeispiel verdeutlicht dir dies gut: Auf einem klassischen Tagesgeldkonto gibt es jetzt vielleicht noch 0,5 Prozent Zinsen jährlich. Wenn du Glück hast, denn selbst das ist so nicht mehr unbedingt üblich. Die Inflation von rund 1,5 Prozent jährlich steht diesen Zinsen gegenüber. Sparen auf die herkömmliche Art lohnt sich daher nicht mehr, da so das eigene Vermögen nicht ansteigen wird.

Damit kommen wir zu den Investitionen an der Börse. Aktien bieten dort weiterhin sehr gute Chancen für dich, da die Kurse tendenziell stets steigen werden. Zumindest ist das bei den lukrativen Aktien der Fall und es ist dann ohne Frage möglich, die bestehende Inflation auszugleichen und den Wert deiner Anlage mit der Zeit deutlich zu erhöhen. In den nächsten Kapiteln erfährst du unter anderem mehr über die Geschichte der Börse und findest einige historische Kurse, Daten und Fakten. Diese zeigen dir, dass bei den passenden Aktien nichts befürchtet werden muss und in jedem Fall eine Rendite zu erwarten ist. Natürlich gibt es hierfür keine Garantie, so wie es bei allen Investitionen an der Börse der Fall ist. Doch es besteht immer die Möglichkeit, dass ein Wertzuwachs erzielt wird und bei sehr vielen Unternehmensaktien ist genau das der Fall.

Grundsätzlich stellt die Investition in Wertpapiere daher in jedem Fall eine gute Option dar, um in Zeiten nicht mehr vorhandener Zinsen noch Gewinne zu erzielen. Auf diese Weise kannst du dir mit der Zeit ein Vermögen aufbauen und hast die Möglichkeit, von den Gewinnen durch steigende Kurse sowie durch gezahlte Dividenden zu profitieren.

Es geht vor allem darum, in lukrative Aktien zu investieren und sich mit der Zeit ein vielseitiges Depot aufzubauen. Dadurch kannst du von steigenden Kursen profitieren und gegebenenfalls Aktien verkaufen, falls sich ein guter Zeitpunkt ergibt. Ein Risiko ist natürlich vorhanden, doch da es letztendlich nur die Option gibt, entweder gar keine Zinsen und Gewinne zu erhalten oder aber in Wertpapiere zu investieren, treffen immer mehr Menschen die Entscheidung, es mit Wertpapieren zu versuchen.

In den folgenden Kapiteln erfährst du, wie sich das Risiko minimieren lässt und welche Kriterien bei der Auswahl der Aktien beachtet werden sollten. Gerade beim Kauf von Wertpapieren ist am Ende nichts so wichtig wie das Wissen in Bezug auf die Unternehmen, die hinter den Aktien stehen, und dieses solltest du dir aufbauen. Dadurch besteht die Möglichkeit, dass du mit der Zeit zu finanzieller Freiheit gelangst – da dein Depotwert durch kluge Investitionen immer weiter wächst.

EINZELAKTIEN, DIVIDENDENAKTIEN ODER IPOS?

In dem vorliegenden Buch gehe ich weder auf ETFs noch auf Aktienfonds ein, da diese bereits im ersten Teil der Serie erläutert wurden, sondern auf Einzelaktien. Bevor es richtig losgehen kann, sollten aber auch hier noch einige Begrifflichkeiten für ein besseres Verständnis erklärt werden. Auf diese Weise kannst du im weiteren Verlauf direkt einordnen, worum es geht und worin der Unterschied zwischen Einzelaktien, Dividendenaktien und IPOs (Initial Public Offerings) besteht. So selbsterklärend sind diese Begriffe schließlich nicht und da es hier einige erhebliche Unterschiede gibt, macht es Sinn, vor dem Investitionsstart genau zu wissen, was zu beachten ist und welche Chancen dir die einzelnen Varianten bieten. Die einzelnen Aktientypen werden dir in den folgenden Kapiteln noch ausführlich erklärt, damit du dich für die Variante entscheiden kannst, die dir aktuell besonders zusagt.

Folgende Begriffe solltest du vor dem weiteren Lesen kennen:

AKTIEN

Hiermit sind die Wertpapiere eines Unternehmens gemeint, die in diesem Buch ebenfalls oft als Einzelaktien bezeichnet werden. Es handelt sich daher um Unternehmensaktien, die direkt von dem jeweiligen Unternehmen gekauft werden. Du investierst dabei in eine bestimmte Firma, die je nach Typ und Aktie entweder schon länger auf dem Markt vertreten ist oder die gerade erst neu dazukommt. Dann wird noch einmal in Dividendenaktien und IPOs unterschieden, über die du in den nächsten Kapiteln mehr erfährst. Eine Aktie stellt damit den Oberbegriff dar und meint immer das Wertpapier eines Unternehmens. Die Investition hängt somit direkt mit der Entwicklung des Unternehmens zusammen, die sich positiv oder negativ entwickeln kann.

Aus diesem Grund ist das Risiko beim Aktienkauf relativ groß, da schließlich ein einzelnes Unternehmen zu jeder Zeit in Schwierigkeiten geraten kann. Vor jedem Aktienkauf ist es daher stets ratsam, sich genau anzusehen, was das Unternehmen macht, wie dessen aktuelle Situation ist und womit es sein Geld verdient. Seine Zukunftschancen, die jeweilige Branche und mögliche Risiken sollten ebenfalls berücksichtigt werden – außerdem ist es hilfreich, auf Empfehlungen von Spezialisten zu hören, ob es sich um eine gute Kapitalanlage handelt oder nicht.

Der Kurs einer Aktie hängt von vielen Faktoren wie von Angebot, Nachfrage, den aktuellen Nachrichten sowie der wirtschaftlichen Situation des Unternehmens ab. Die Kurse schwanken und durch den Anstieg des Kurses nach dem Kauf der Aktie wird ein Gewinn erzielt. Bei einem fallenden Kurs werden entsprechend Verluste erzielt. Es ist nicht möglich, mit einem festen Betrag, wie beispielsweise 50 oder 100 Euro, Aktien in Anteilen zu kaufen, da stets ganze Aktien zu kaufen sind. Anders gesagt bekommst du bei einem Kurs von 21 Euro für 100 Euro 4 Aktien, da für die fünfte noch 5 Euro fehlen würden. Anteile werden somit bei Aktienfonds gekauft, nicht aber bei Einzelaktien von einem Unternehmen. Außerdem müssen noch die Ausgabenaufschläge beachtet werden, die beim Kauf der Aktien anfallen. Die Höhe dieser Gebühren hängt unter anderem vom jeweiligen Anbieter ab und sollte vor dem Kauf gründlich überprüft werden, damit du dir über die exakten Kosten bewusst bist.

Infos zu Aktien in Kurzform:

- Aktien sind Wertpapiere von Unternehmen
- Der Kurs hängt von Angebot, Nachfrage und von der Situation des Unternehmens ab
- Investition in ein Unternehmen lässt das Risiko im Vergleich zu Aktienfonds ansteigen, da bei Aktienfonds durch die Investition in mehrere Aktien zugleich das Risiko gestreut ist
- Kenntnisse über das Unternehmen und die aktuelle Lage sind bedeutend
- Es gibt Aktien für jedes Budget, von unter 1 Euro bis hin zum vierstelligen Bereich für eine Aktie

DIVIDENDENAKTIEN

Es handelt sich bei den Dividendenaktien nicht direkt um spezielle Aktien, sondern eher um Einzelaktien, die eine Art Bonus mitbringen. Bei einer Dividendenaktie schüttet das Unternehmen je nach Land quartalsweise oder jährlich eine Dividende an die Anleger aus, wenn ein Gewinn erzielt wurde. Es gibt tatsächlich Aktien, bei denen die Unternehmen schon seit 20 Jahren oder sogar noch längerer Zeit kontinuierlich eine Dividende ausschütten. Diese steigert sich teilweise sogar von Jahr zu Jahr und stellt ein echtes Aushängeschild des Unternehmens dar.

Dividenden erhöhen das vorhandene Vermögen, da du zum einen durch den Anstieg der Kurse Gewinne erzielst und zum anderen durch die Dividenden, die ausgeschüttet werden. Selbst wenn es sich nur um kleine Beträge handelt, summieren diese sich vor allem bei einem größeren Portfolio, also dann, wenn du mehrere Aktien eines Unternehmens besitzt. Betrachten wir einmal ein kleines praktisches Beispiel zur Verdeutlichung der Möglichkeiten von Dividendenaktien: Das Unternehmen BASF gehört zu den deutschen Vorzeigebeispielen in Sachen Dividenden, da es seit Jahren immer weiter steigende Dividenden ausschüttet. Die Dividendenrendite betrug hier im Juni 2020 ganze 4,9 Prozent, was einer Ausschüttung in Höhe von 3,30 Euro pro Aktie entspricht. Wer also 10 Aktien besaß, konnte sich über eine Dividendenzahlung in Höhe von 33 Euro freuen. Darüber hinaus ist das Risiko bei den Unternehmen, die seit vielen Jahren Dividenden zahlen, kleiner als bei solchen, die keine zahlen (können) oder die erst seit kurzem an der Börse vertreten sind.

Infos zu Dividendenaktien in Kurzform:

- Spezielle Form der Aktien, bei denen eine Dividende an die Aktionäre ausgeschüttet wird
- Die Höhe der Dividenden werden (in Deutschland) von der jährlichen Hauptversammlung bestimmt
- Die Höhe wird mit einem Prozentsatz angegeben – als sogenannte Dividendenrendite

- Viele Unternehmen steigern die Höhe ihrer Dividenden von Jahr zu Jahr
- Eine Investition ist in nationale ebenso wie in internationale Aktien möglich
- Dividenden erhöhen das Vermögen und können als passives Einkommen angesehen werden
- Es handelt sich um namhafte Unternehmen, bei denen ein Aktienkauf eine größere Sicherheit bedeutet
- Die 30 deutschen Unternehmen mit der höchsten Dividendenzahlung werden im DivDAX gelistet

IPOS– INITIAL PUBLIC OFFERINGS

Die vielleicht spannendste und riskanteste Form aller Aktien sind die IPOs, da hier niemand sicher sagen kann, wie sich die Kurse noch entwickeln werden. Es handelt sich dabei um Aktien von Unternehmen, die einen Börsengang wagen und deren Aktien gerade erst an der Börse erhältlich sind. Hinter der Abkürzung IPO steckt „Initial Public Offering", also eine Erstplatzierung der Aktien eines Unternehmens an der Börse.

Im Normalfall wird der gesamte Börsengang der Neulinge von einer Investmentbank oder von einem Zusammenschluss aus mehreren Investmentbanken abgewickelt. Unternehmen können durch den Börsengang wachsen, an mehr Kapital gelangen und einen wachsenden Eigenkapitalbedarf abdecken. Gründe für einen Börsengang gibt es viele und der zeitintensive Prozess benötigt für den tatsächlichen Gang an die Börse rund ein Jahr, bis alle Formalitäten geklärt und abgewickelt sind.

Der Emissionspreis, für den die Aktien beim Börsengang erhältlich sind, kann durch eine Auktion, in Form eines Festpreises oder durch eine Preisspanne festgelegt werden. In letzter Zeit mehren sich die Börsengänge beispielsweise von Start-ups, zu denen unter anderem Uber oder Beyond Meat gehören. Die Produkte oder Dienstleistungen sind in solchen Fällen bekannt und beliebt, es handelt sich bei den dahinterstehenden Unternehmen dennoch häufig um weniger bekannte Größen. IPOs sind damit sicherlich die spannendste Form der Aktien, die aber zugleich mit dem größten Risiko einhergehen. Es ist nicht möglich, genau zu sagen, wie sich der jeweilige Kurs entwickelt – manchmal steigen die Kurse nach dem Börsengang rasant an. Manchmal fallen sie über Monate hinweg und der Kurs liegt kurze Zeit später bei der Hälfte des Emissionspreises. Es ist somit ein Glücksspiel, ob die neuen Aktien einen echten Gewinn im Depot bedeuten – oder genau das Gegenteil. Über die Entwicklung einiger Aktien, die sich in Bezug auf den Wert extrem gesteigert haben, erfährst du im weiteren Verlauf dieses Buches noch mehr, um eine Vorstellung von den hiermit verbundenen Chancen zu bekommen.

Infos zu IPOs in Kurzform:

- Neue Aktien eines Unternehmens nach dem Börsengang
- Der Börsengang wird von Investmentbanken betreut
- Der Kaufpreis für die Aktie wird vor dem Börsengang bestimmt
- Chancen auf hohe Gewinne – dafür sind die Risiken hoch
- Es ist nie sicher, wie sich die Aktien entwickeln

Nach Erläuterung dieser ersten Begrifflichkeiten, die für das weitere Verständnis von Bedeutung sind, möchte ich im kommenden Kapitel mit einem Blick auf die Geschichte der Börse zeigen, welche Chancen sich durch eine Investition ergeben. Natürlich sollen ebenso wenig die Risiken ausgeblendet werden, da sich ganz sicher nicht jede Aktie wie die berühmten Werte von Amazon, Microsoft oder Apple entwickeln. Wenn das so wäre, würde eine Investition in Aktien aber auch längst nicht mehr so lukrativ sein, da es schlicht jeder machen würde. Schnell wird im Hinblick auf die Geschichte deutlich, dass ein Risiko immer vorhanden ist und niemals unterschätzt werden sollte.

CHANCEN UND RISIKEN – EIN BLICK AUF DIE GESCHICHTE DER BÖRSE

Es ist oftmals schwer verständlich, warum sich die Investition in die Börse oder der Kauf von Aktien so sehr lohnt, wenn nicht ein näherer Blick auf die Geschichte der Börse geworfen wird. Diese zeichnet sich durch ein bewegtes Auf und Ab mit verschiedenen Krisen und Höhepunkten aus. Echte Gewinner und Verlierer sind hier gleichermaßen zu erkennen und machen uns deutlich, worin die Chancen und die Risiken der Börse bestehen. In diesem Kapitel möchte ich mit dir eine kleine Zeitreise im Hinblick auf die Höhenflüge und auf schwere Krisen der Börse unternehmen, die die Anleger immer wieder erschüttert haben. Oft wird angenommen, dass aufgrund ebensolcher Krisen eine Investition in Aktien viel zu gefährlich sei und sich gar nicht lohne. Dabei beinhalten jede Krise und jeder Börsencrash zweifellos viel Potenzial, welches nur genutzt werden will.

Der heute für die deutsche Wirtschaft so bedeutende Aktienindex DAX (Deutscher Aktienindex) wurde im Jahr 1988 eingeführt. Selbstverständlich gibt es die Börse schon viel länger und zwischen 1959 und 1988 galt die Börsen-Zeitung als wichtigster Index in Deutschland. Der DAX kann als das Gegenstück zum US-amerikanischen Dow Jones angesehen werden, denn dieser stellt den wichtigsten Aktienindex der USA dar. Die erste Börse überhaupt wurde aber tatsächlich schon im Jahr 1409 in Brügge eröffnet und im Jahr 1540 entstanden die ersten deutschen Börsen überhaupt in Nürnberg und in Augsburg. Fast seit 500 Jahren gibt es also schon Börsen in Deutschland und so kann der Handel an der Börse nun wirklich nicht als neumodisches Phänomen bezeichnet werden. Lediglich die Art und Weise, wie hier gehandelt wird, und die Mittel der Analyse haben sich im Laufe der Zeit stark verändert.

Allerdings war am Anfang nicht von „der Börse“ die Rede, sondern eher von einem Platz – eben entsprechend einem „Handelsplatz“. Aktien, Terminkontrakte und Anleihen spielten also bereits zum Ende des 15. Jahrhunderts eine Rolle. Interessant ist außerdem ein Blick auf die italienischen Handelsstädte Venedig, Florenz und Genua, wo schon im 12. Jahrhundert Händler, Kaufleute und Geldwechsler an den öffentlichen Plätzen zum Handeln zusammenkamen. Auf diesen Märkten handelten Geldwechsler mit Waren, Rohstoffe wurden getauscht, Kredite vergeben und Termingeschäfte wurden hier abgeschlossen. Es lag daher nur nahe, diesen Handel nach einiger Zeit in ein Gebäude zu verlegen, da immer mehr Menschen an diesen Geschäften teilnahmen. Tatsächlich wurden im 15. Jahrhundert langsam, aber sicher alle Werte gehandelt, die heute auch an einer Börse gehandelt werden. Mit der Zeit kamen in immer mehr Städten feste Börsengebäude dazu und es wurden zudem erste Regeln erlassen, die für die Regelung eines fairen und korrekten Handels eingesetzt wurden.

Eine Börse ist also ein Handelsplatz und somit eine echte Geldquelle. Mit dem Wechselkurs von Währungen lässt sich genauso Geld machen, wie es möglich ist, mit Krediten Geschäfte zu machen. Und Aktien sind einfach eine intelligente Möglichkeit, sich Anteile an einem Unternehmen zu sichern, und entsprechend können Unternehmen durch das Geld der Aktionäre weiter wachsen. Das ist seit hunderten von Jahren der Fall und funktioniert ziemlich gut:

Für die Unternehmen ist es sehr wichtig, diese Geldquelle zu haben, und private Anleger können es so schaffen, dass aus ihrem investierten Geld mehr wird. Hierbei sollte nicht vergessen werden, dass es erst durch den Wegfall von teilweise sehr hohen Kreditzinsen möglich war, große wirtschaftliche Erfolge zu feiern, da Unternehmen durch die Bezahlung von hohen Zinsen ausgebremst werden. Einige Beispiele für solche Entwicklungen, die erst durch das Geld von Investoren möglich wurden, sind die Bereiche der Eisenbahn, der Schifffahrt sowie die Erschließung von Ölquellen und Minen, die ebenfalls erst einmal sehr kostspielig war. Heutzutage wäre es so manchem Unternehmen aus der Technologiebranche oder aus der Luftfahrt- und Automobilindustrie kaum möglich gewesen, sich so stark zu entwickeln, wenn ihnen nicht das Kapital von Investoren zur Verfügung gestanden hätte.

Da Angebot und Nachfrage schon immer die Preise geregelt und stark beeinflusst haben, ist heute das gleiche Phänomen bei den Aktien zu erkennen. Gerade die oft stark schwankenden Kurse sind es schließlich, die viele Einsteiger bei ihren ersten Aktienkäufen sehr verunsichern können. Dies ist allerdings die Besonderheit der Börse beziehungsweise der Aktien: Ohne Angebot und Nachfrage wäre es sehr schwierig, Gewinne zu machen, da durch Käufe und Verkäufe überhaupt erst bestimmt wird, wie hoch der Kurs gerade ist.

So viel zur Entstehung der Börse, die schon seit langer Zeit zu unserem Leben dazugehört und das Wirtschaftswachstum erheblich mitbestimmt hat. Kommen wir damit zur jüngeren Geschichte der Börse, damit du besser nachvollziehen kannst, warum es sich auch im 21. Jahrhundert noch lohnt, zu investieren und Aktien zu kaufen. Tatsächlich handelt es sich hierbei fast um die einzig vernünftige Option, sich ein Vermögen aufzubauen, da schließlich kaum noch andere Wege dafür vorhanden sind.

Allerdings gibt es prägende Momente in der Geschichte der Börse wie beispielsweise den sogenannten Schwarzen Freitag im Oktober 1929, an dem die New Yorker Börse zusammenbrach und Investoren weltweit ihr Geld verloren. Dieser Börsencrash am Schwarzen Freitag markiert den Beginn der Weltwirtschaftskrise, die zu viel Verzweiflung und einer enorm hohen Arbeitslosigkeit führte. In diesem Fall wurde der Börsencrash einfach gesagt durch Spekulanten ausgelöst, die dafür gesorgt hatten, dass Aktien zu immer höheren Kursen gekauft wurden. Es entstand eine regelrechte Blase, die auch als „Spekulationsblase“ bekannt ist und die dann schlicht in sich zusammenbrach. Natürlich ist eine solch schwere Krise immer eine große Gefahr, wenn es um Investitionen an der Börse geht. Das lässt sich nicht leugnen, da schließlich ebenfalls in der jüngeren Zeit einige Börsencrashs weltweit für Entsetzen und für schwindende Ersparnisse sorgten. Es geht am Ende stets darum, wie mit solchen Zeiten umgegangen wird – anders gesagt bedeutet das, dass man vor allem die Nerven behalten sollte.

An dieser Stelle möchte ich auf drei Börsencrashs ein wenig näher eingehen, um darzustellen, warum ein solcher Crash erfolgen kann, und um das Potenzial von Börsencrashs in Bezug auf eine Investition aufzuzeigen. Je mehr Wissen du über solche Crashs aufbaust, desto eher wird es dir gelingen, im entscheidenden Moment ruhig zu bleiben und die Nerven zu behalten. Außerdem kannst du dann die Anzeichen deuten, die auf einen kommenden Crash hinweisen und die dir zeigen, dass du dringend Geld für kommende Investitionen zur Seite legen solltest. In den 2000er Jahren hatten wir bisher drei Börsencrashs: im Jahr 2000, 2007 und 2020, wobei der Börsencrash 2020 extrem kurz war, er ging nämlich nur über zwei Monate, März und April.

Der Börsencrash im Jahr 2000 wird ebenfalls als „Dotcom-Blase" bezeichnet, im Jahr 2007 war es die Bankenkrise und 2020 wurde schnell sichtbar, was eine Pandemie mit weltweiten Auswirkungen in wirtschaftlicher Hinsicht anrichten kann. Der Internethype erreichte im Jahr 2000 einen Höhepunkt und durch die Erwartungen der Anleger entstand eine regelrechte Spekulationsblase, eine Internetblase mit zahlreichen Unternehmen aus dem Internet- und Technologiebereich, in die höchste Erwartungen gesteckt wurde. Wie jede Spekulationsblase platzte auch diese Dotcom-Blase, in diesem Fall im März 2000, und sorgte für steil abfallende Kurse der Aktien. Weltweit waren die Auswirkungen dieses Börsencrashs erkennbar und gerade die eher erfahrenen Anleger haben ihre Aktien beim auftretenden Kursverlust schnell abgestoßen. Die Neueinsteiger an der Börse, die am Internethype teilnehmen wollten, haben es aber nicht geschafft und sind nicht rechtzeitig ausgestiegen.

Die Panik der Einsteiger und der Kleinanleger, die plötzlich versucht haben, alle Aktien mit möglichst geringen Verlusten zu verkaufen, hat dann zu einem richtigen Chaos geführt. Problematisch war bei diesem Börsencrash, dass sich die Kurse vieler Unternehmen aus der IT- und Technologiebranche gar nicht mehr erholt haben und das angelegte Geld somit verloren war. Nicht wenige Wertpapiere solcher „Internetfirmen" wurden im Jahr 2000 wertlos. Damit ist dieser Börsencrash ein sehr gutes Beispiel dafür, dass in einer Krise nicht immer alle Aktien gehalten werden sollten. Es gab Gewinner und Verlierer gleichermaßen, da natürlich nicht alle Unternehmen dauerhaft von den Kursverlusten betroffen waren. Wer aber hier auf das falsche Unternehmen gesetzt hatte, musste sich im Anschluss tatsächlich mit wertlosen Aktien und verlorenem Geld auseinandersetzen.

Doch was wäre passiert, wenn diese Krise ganz bewusst genutzt worden wäre? An dieser Stelle möchte ich kurz auf die Chancen eingehen, die ein Kauf von Aktien von Microsoft in diesem Moment bedeutet hätte. Im März 2000 stand die Microsoft-Aktie bei unglaublichen 118 Euro – im Dezember 2000 nur noch bei 47 Euro! Wer im Dezember 2000 Aktien von Microsoft gekauft und gewartet hätte, könnte sich heute über einen Gewinn von rund 400 Prozent freuen. Schließlich steht die Aktie im September 2020 bei 211 Euro. Allerdings ist es natürlich recht viel verlangt, mitten in einer Internetkrise und nach einem Börsencrash auf ein Unternehmen wie Microsoft zu setzen. Wer es aber gewagt hätte, wäre in den Jahren darauf mit starken Kursgewinnen belohnt worden. Diese Krise hat einmal mehr gezeigt, welche Chancen ein Börsencrash in vielen Fällen bieten kann – und welche Risiken, denn diese sollten niemals ignoriert oder schöngeredet werden.

Die Bankenkrise beziehungsweise Immobilienkrise: 2007 und 2008 kam es erneut zu einer Weltwirtschaftskrise mit entsprechend großen Auswirkungen auf die Wirtschaft. Alles hat mit einer Immobilienblase in den USA angefangen, da dort der Immobilienmarkt stark aufgebläht war – und natürlich geplatzt ist, genau wie es bei der Dotcom-Blase im Jahr 2000 der Fall gewesen war. Im August 2007 platzte die Spekulationsblase. Ausschlaggebend hierfür waren die Senkung der Leitzinsen sowie die höheren Zinsen für Interbankenkredite, die stark zum Börsencrash beitrugen. Dadurch wurden Banken geschlossen oder verstaatlicht. Zum besseren Verständnis der Krise: Immobilien in den USA wurden fast vollständig durch Kredite finanziert. Dadurch mussten die Banken aber ein sehr hohes Risiko bei den Krediten eingehen, was nicht funktioniert hat, denn die Käufer der Immobilien konnten ihre Raten nicht mehr bezahlen. Und für die Banken lohnte es sich immer weniger, diese Kredite zu vergeben, da sie kaum Geld einbrachten und ein sehr hohes Risiko beinhalteten. Diese Faktoren führten zur Banken- und Immobilienkrise und aufgrund dieser Entwicklungen wurden beide Begriffe für diese kritischen Zeiten verwendet.

Vielleicht fragst du dich jetzt, wie stark die Auswirkungen dieser Krise hierzulande für Anleger waren, die in Aktien investiert hatten. Sehr großes Pech hatten Anleger, die auf Aktien von Banken gesetzt hatten. Ein Negativbeispiel war und ist die Deutsche Bank, da ihre Aktie 2007 bei starken 89,44 Euro lag – und im September 2020 bei schwachen 7,19 Euro. Hier haben Anleger viel Geld verloren und es ist nicht wirklich abzusehen, ob diese Aktie noch einmal an Wert gewinnt. Vermutlich eher nicht! Andere Branchen wären aber im Jahr 2007 immer noch eine gute Option gewesen. Starke Kursgewinne in der Krise hättest du beispielsweise durch einen Kauf von Aktien aus den Bereichen der Technologie oder von Pharmakonzernen erhalten. Ebenso wie beim Börsencrash im Jahr 2000 waren hier also Gewinner und Verlierer zu beobachten. Dass die Aktien der Banken im Zuge der Bankenkrise an Wert verloren haben, wundert einen dabei eher weniger.

Kommen wir zum letzten und neuesten Börsencrash, der auf die Monate März und April 2020 beziffert werden kann – hierbei handelt es sich um den kürzesten Crash überhaupt! Die Corona-Krise, die Panik vor einer Pandemie, die Auswirkungen auf die weltweite Wirtschaft und die Unsicherheit, wie es weitergehen kann, haben zu diesem Crash geführt. Vorher hatte der DAX Spitzenwerte jenseits der 13.000 Punkte erreicht. Mitte Februar 2020 begann der Absturz der Börsen und im März 2020, zum Höhepunkt der ersten Welle der Pandemie, hatte der DAX 40 Prozent seines Werts verloren. Nicht alle Kurse sind im Anschluss wieder stark angestiegen, da es hier gerade in der Tourismusbranche große Verlierer gibt. Andere Aktien stiegen dafür besonders stark an, da es sich um Unternehmen mit besonders interessanten Lösungen handelte, die für das Leben in der Pandemie entscheidend waren.

Das beste Beispiel dafür ist wahrscheinlich Zoom mit der App für Videokonferenzen, die fürs Home-Office sehr praktisch ist: Diese Aktie stieg entsprechend stark an. Anders sieht es dagegen mit der Aktie von TUI aus, um nur eine Option zu nennen, bei der die Krise für negative Auswirkungen gesorgt hat. Vor dem Crash lag diese Aktie bei 10 bis 11 Euro, im September 2020 steht sie bei 3,25 Euro! Eine Erholung ist in der aktuellen Situation wohl eher nicht in Sicht. Diese Krise hat wieder einmal sehr eindrucksvoll gezeigt, dass es immer einige besonders stark von Krisen betroffene Branchen gibt – und dass andere dagegen stärker aus solchen Zeiten hervorgehen können. Es geht dann darum, auf Branchen und Unternehmen zu setzen, die gute Chancen auf ein Wachstum haben und nach denen eine große Nachfrage herrscht.

Untrennbar mit der jüngeren Geschichte der Börse und den Chancen eines Aktienkaufs sind einige Aktien verbunden, die Aktionäre tatsächlich reich gemacht haben. Es wird zwar immer auch negative Beispiele geben, doch nachfolgend möchte ich dir drei Aktien vorstellen, die sich unfassbar stark entwickelt haben und die bei einem frühzeitigen Kauf für ein erhebliches Vermögen gesorgt hätten. Es geht an dieser Stelle um die Aktien von den Unternehmen Microsoft, Apple und Amazon – drei Paradebeispiele, die sehr schön zeigen, was eine Investition an der Börse zum richtigen Zeitpunkt bringen kann: nämlich etwas, was mit keinem Job der Welt in dieser Zeit und in dieser Form möglich sein wird.

Fangen wir einmal mit Microsoft an: Viele Menschen bedauern, diese Aktie nicht gekauft zu haben. Bill Gates hat mit seinem Unternehmen im März 1986 den Börsengang gewagt. Der Emissionspreis lag bei 21 US-Dollar und bis zum heutigen Tag wurde die Aktie insgesamt neunmal gesplittet. Mit dem Splitten der Aktien ist gemeint, dass eine Aktie in weitere Aktien unterteilt wird. Anders gesagt würde das für einen Aktionär, der 1986 eine Aktie gekauft hat, bedeuten, dass es sich dabei heute durch den neunfachen Aktiensplit um neun Aktien handelt. Ein konkretes Beispiel zeigt dir, wie sich die Aktien entwickelt haben: Stelle dir einmal vor, dass du (oder vielleicht deine Eltern) beim Börsengang von Microsoft für 1.000 US-Dollar Aktien gekauft hättest. Heute wären das tatsächlich fast 14.000

Aktien und dein Depot wäre rund 1,5 Millionen US-Dollar wert. Kein Wunder also, dass der eine oder andere intelligente Aktionär heute Millionär ist! Allerdings sollte noch angemerkt werden, dass der Höchststand der Aktie aus dem Jahr 2000 nach dem Börsencrash erst im Jahr 2017 wieder erreicht wurde. Wer im Jahr 2000 nicht verkaufen wollte, musste daher lange warten, bis wieder der frühere Stand erreicht wurde.

Das älteste Unternehmen in Bezug auf den Börsengang dieser drei Beispiele ist Apple mit der Gründung im Jahr 1976 und dem Börsengang im Jahr 1980. Weltweit bekannt ist das Unternehmen heute für Laptops, Computer und Smartphones, alle natürlich im modernsten Design und mit dem typischen Apfel-Symbol. Ähnlich wie bei Microsoft war eine Aktie beim Börsengang für 22 US-Dollar zu haben, hier wurden die ursprünglichen Aktien siebenmal gesplittet. Der Aktienkurs liegt aktuell bei 115 US-Dollar, wodurch sich der Kurs schon mehr als verfünffacht hat. Allerdings bedeutet ein siebenfacher Split zugleich, dass 100 Aktien zu einem Preis von 2.200 US-Dollar heute zu 700 Aktien mit einem aktuellen Wert von rund 80.000 US-Dollar geworden sind. Nicht zuletzt bezahlt Apple heute Dividenden, die noch obendrauf kommen.

Als drittes und letztes Beispiel möchte ich noch Amazon einbringen, da sich die Aktien dieses Unternehmens ebenfalls sehr beeindruckend entwickelt haben. Außerdem hat dieses Beispiel, genau wie die Aktien von Apple und Facebook, gezeigt, dass es sich in jedem Fall gelohnt hat zu warten. Warren Buffett ist der Meinung, dass man Aktien billig kaufen und nie verkaufen sollte. Auch Amazon wäre ein Unternehmen, bei dem diese Strategie ohne Frage aufgegangen wäre. Amazon hat den Börsengang am 15. Mai 1997 gewagt, wobei der Ausgabepreis bei 18 US-Dollar lag. Im September 2020 kostet eine Aktie unglaubliche 3.148 US-Dollar – und wurde von 1997 bis jetzt schon dreimal gesplittet. Und es ist nicht unwahrscheinlich, dass es hier noch zu weiteren Aktiensplits in der Zukunft kommen könnte. Rechnungen zufolge sind aus einer ursprünglichen Investition von 1.000 US-Dollar ganze 640.000 US-Dollar geworden. Durch eine Investition von weniger als 2.000 US-Dollar zum Börsengang wären Aktionäre heute bereits Millionäre. Hinzu kommt, dass es sich zum Börsencrash im März 2020 gelohnt hätte, Ersparnisse in Amazon zu stecken. Am 13. März 2020 lag der Kurs bei 1.785 US-Dollar und am 1. September 2020 wurde ein Höchststand von 3.500 US-Dollar erreicht. Innerhalb von nur sechs Monaten wären das stolze 100 Prozent Gewinn gewesen.

Die genannten Beispiele sollen dir zeigen, dass es sich wirklich lohnen kann, etwas zu wagen und in die richtigen Unternehmen zu investieren. Auffällig ist jedoch, dass die Kurse eines Aktienindex wie des DAX immer weiter steigen. Zwar gab es beim DAX in den letzten Jahren den einen oder anderen Einbruch nach unten, doch von einem Kurs von 1.000 Punkten, der noch 1987 vorhanden war, bis zu einem Kurs von über 13.000 Punkten Anfang 2020 ist hier doch eine sehr deutliche Steigerung vorhanden. Die Entwicklung der internationalen Börsen ist ähnlich, sodass auch der Dow Jones in den USA stetig neue Höhen erreicht, wovon die Anleger ohne Frage erheblich profitieren. Selbstverständlich hat niemand von uns eine Glaskugel und es kann nicht sicher gesagt werden, ob diese Entwicklung immer so weitergeht. Die Chancen stehen aber gut und selbst jüngere Börsengänge wie die von Beyond Meat, über die du in den nächsten Kapiteln noch mehr erfahren wirst, zeigen, wie hoch das Potenzial beim Investieren in Aktien weiterhin ist. Es geht hauptsächlich darum, sich die richtigen Unternehmen auszusuchen beziehungsweise „auf das richtige Pferd zu setzen", wie man früher wohl gesagt hätte. Dann kannst du von dem Wirtschaftswachstum erheblich profitieren und wirst es schaffen, dir ansprechende Kursgewinne zu sichern und Dividenden einzustreichen.

WANN KAUFEN?
DER ZEITPUNKT UND DIE CHANCEN

Es gibt einen weiteren Punkt für Neulinge an der Börse, der wirklich nicht zu unterschätzen ist: der Kaufzeitpunkt. Darüber wird viel diskutiert und es gibt immer wieder Empfehlungen, die sich am Ende aber doch nicht als die beste Lösung herausstellen. Zugegeben, es ist bei Einzelaktien tatsächlich schwierig, den richtigen Zeitpunkt für den Kauf der Aktien vorherzusagen, da hierbei so viele Faktoren mit zu berücksichtigen sind. Die Angst vor einem Rückgang der Kurse nach dem Kauf der Aktien kommt noch hinzu und kann meist nicht einfach ignoriert werden. Schließlich kann es immer passieren, dass die Kurse tatsächlich nach dem Kauf deutlich abstürzen und Verluste gemacht werden. Dennoch gibt es einige Hinweise für den richtigen Kaufzeitpunkt, die dir etwas helfen können.

Zunächst einmal möchte ich hier darauf hinweisen, dass ein Börsencrash mit Kursen, die drastisch abstürzen, ohne Frage ein guter Investitionszeitpunkt sein wird. Hier sollte dir nur bewusst sein, dass du nie weißt, wann der niedrigste Kurs erreicht wird, und dass es somit vorkommen kann, dass der Kurs der gekauften Aktien im Anschluss noch weiter absinkt.

Mache dir außerdem bewusst, dass die Kurse der Börse der Erfahrung nach wahrscheinlich ansteigen werden. Sicherlich nicht die Kurse aller Aktien, doch wenn du beispielsweise bei einem wirklich aussichtsreichen Unternehmen siehst, dass die Kurse ansteigen, könnte jetzt der richtige Zeitpunkt für einen Kauf gekommen sein. Und zwar aus dem Grund, dass die Kurse dann wahrscheinlich noch weiter ansteigen werden. Achte allerdings darauf, die Aktie nicht gerade in dem Moment zu kaufen, in dem ein besonders hoher Kurs erreicht wurde. Gut ersichtlich ist dieser Zeitpunkt immer dann, wenn du dir die Kursverläufe detaillierter ansiehst. Es macht ebenso wenig Sinn, Aktien dann zu kaufen, wenn der DAX beispielsweise ein neues Rekordhoch erreicht hat. Es gilt hier einfach, ein wenig dabeizubleiben, die Kurse zu beobachten und die für dich interessante Aktie vielleicht einmal auf eine Watchlist zu setzen.

Beim Börsengang von interessanten Neueinsteigern neigen einige Aktionäre dazu, direkt beim Einstieg deren Aktien zu kaufen. Andere hingegen warten erst etwas ab und steigen im Anschluss ein. Der Grund dafür ist meist, dass eine Reihe von Aktien nach dem Börsengang erst einmal an Wert verliert, bevor sie dann wieder Fahrt aufnimmt. In diesem Fall ist es schwierig, eine Empfehlung auszusprechen. Bist du davon überzeugt, dass der Neueinsteiger wirklich gute Chancen an der Börse hat? Dann solltest du dir vor dem Börsengang Aktien sichern – wenn du noch zweifelst, ist es vielleicht besser, bis nach dem Börsengang zu warten und zu schauen, wie sich die Aktien in den ersten Wochen und Monaten entwickeln.

Es geht daher unter anderem um das eigene Gefühl und darum, zu erkennen, dass es letztendlich nicht unbedingt den einen perfekten Zeitpunkt für den Kauf einer Aktie geben wird. Während eines Börsencrashs zu kaufen, also wenn die Kurse stark sinken, ist ohne Frage eine gute Idee. Jedoch macht es keinen Sinn, stets auf einen solchen Börsencrash zu warten, der ja (zum Glück) eher nur alle paar Jahre zu erwarten ist. Verfolge daher kontinuierlich die Kurse und kaufe zu einem Zeitpunkt, der dir passend erscheint. Das ist vor allem aus dem Grund wichtig, dass du nicht über Monate hinweg nur wartest und nie damit beginnst, etwas zu investieren.

RISIKEN ERKENNEN – WELCHE AKTIE PASST ZU MIR?

Grundsätzlich ist das Risikobewusstsein bei allen Investitionen an der Börse ein sehr wichtiger und nicht zu unterschätzender Aspekt. Jeder Mensch ist in Bezug auf das eigene Sicherheitsbedürfnis oder auf den Wunsch, ein Risiko einzugehen, anders und es ist trotz des Aktienkaufs sehr wichtig, dass du nicht das Gefühl hast, dass dein Geld sofort verloren ist oder du nachts nicht mehr schlafen kannst, weil du Angst hast, dass dein Geld in Gefahr ist. Dazu neigen übrigens nicht wenige frischgebackene Aktionäre, hauptsächlich weil immer wieder in Ländern wie Deutschland vermittelt wird, wie riskant die Investition in Aktien ist. Ein gutes Risikobewusstsein und ein Gefühl für die bestehenden Risiken ist daher etwas, was unbedingt zuerst vorhanden sein sollte, damit du ruhigen Gewissens die gewünschten Aktien kaufen kannst.

An dieser Stelle soll es daher erst einmal darum gehen, welche Aktienform wirklich zu dir passt und wie du dich am besten für eine dieser Formen entscheiden kannst. Aus diesem Grund unterscheide ich in diesem Buch klar zwischen klassischen Einzelaktien, Dividendenaktien und IPOs. Durch diese Abgrenzung werden nicht alle Aktien in gleicher Weise betrachtet und es fällt Einsteigern leichter, sich für den Anfang für einen Aktientypen zu entscheiden. Es gibt dabei übrigens keine richtige oder falsche Entscheidung, da bei allen Aktien der Fokus darauf liegen sollte, dass du genau weißt, welches Unternehmen dahintersteht, und dass du weißt, worin du investierst. Die Aktie eines Neueinsteigers an der Börse kann eine tolle Option darstellen, wenn du dich mit der Branche und der Idee, die hinter dem Unternehmen steckt, auskennst. Dann lassen sich die Chancen für die Zukunft besser einschätzen und die Wahrscheinlichkeit, dass mit der Zeit wirklich schöne Kursgewinne erzielt werden, ist sehr hoch. Solltest du dich aber mit den Unternehmen, die ihren Börsengang aktuell wagen, gar nicht auskennen und nicht viel von der dahinterstehenden Idee verstehen, dann lohnt sich eine Investition an dieser Stelle nicht. Denn in einem solchen

Fall steigt das Risiko tatsächlich enorm an und es kann passieren, dass du im Anschluss Verluste erzielst und einen guten Teil deines angelegten Kapitals verlierst.

Überlege dir daher zunächst für dich selbst, wie wichtig dir ein wenig Sicherheit ist und wie es um deine finanzielle Situation im Allgemeinen bestellt ist. Legst du beispielsweise Wert auf einen möglichst stabilen Wertzuwachs, der zwar nicht so groß sein muss, dafür aber beständig ausfallen soll? Oder liegt dir mehr daran, es einmal auszuprobieren, etwas zu wagen, und dann zu hoffen, dass deine Investition sinnvoll war? Die alles entscheidende Frage an dieser Stelle wäre aber: Wachstum oder Stabilität? Steht für dich zumindest eine gewisse Stabilität im Vordergrund, könnten Dividendenaktien eine gute Option sein. Hierbei handelt es sich wie gesagt in der Regel um etablierte Unternehmen, deren Dividendenzahlungen als Aushängeschild angesehen werden können. Natürlich können selbst solche Unternehmen insolvent gehen, doch die Stabilität ist schon ein wenig größer als bei absoluten Neueinsteigern an der Börse.

Wenn du mit einem etwas größeren Risiko gut leben kannst und es dir darauf ankommt, echte Chancen auf hohe Gewinne zu haben, dann könnten IPOs, also die Aktien von Neueinsteigern an der Börse, eine gute Option darstellen. Natürlich weiß man hier nicht, wie sich diese Aktien tatsächlich entwickeln werden – es gibt hierfür positive ebenso wie negative Beispiele aus der Vergangenheit. Manchmal ist der Kurs noch Monate nach dem Einstiegszeitpunkt an der Börse deutlich unter diesem Wert und manchmal steigen die Kurse enorm an. Wenn du dich allerdings intensiv mit diesen Unternehmen und ihren Chancen auf dem Markt auseinandersetzt, sind deine Chancen aber sicherlich sehr hoch, dass du Gewinne erzielen wirst.

Es gibt aber ebenfalls noch Einzelaktien von Unternehmen, die keine Gewinnzahlungen in Form von Dividenden ausschütten und trotzdem schon über Jahre hinweg bestehen. Das bedeutet nicht, dass es diesen Unternehmen schlecht geht – vielmehr kann es sein, dass hier zwar keine Dividenden, dafür aber hohe Gewinne möglich sind. Diese Gewinne werden dann durch steigende Kurse erzielt. Einige interessante Beispiele für solche Unternehmen findest du ebenfalls im weiteren Verlauf dieses Buches, damit du einen besseren Eindruck in Bezug auf die unterschiedlichen Möglichkeiten bekommst. Sonst könnte es schnell so wirken, dass nur Dividendenaktien oder die Aktien von Unternehmen nach einem Börsengang interessante Optionen darstellen würden. Dem ist aber nicht so, da viele Einzelaktien durch eine lange Unternehmenstradition sowie durch kontinuierliche Kursanstiege überzeugen. Nur als kleines Beispiel sollen hier die Aktien von Unternehmen wie Amazon oder Facebook genannt werden. Es handelt sich bei diesen definitiv nicht um erfolglose Aktien, sondern um solche, bei denen Aktionäre mit etwas Glück und der Wahl des passenden Zeitpunkts für einen Kauf sehr hohe Gewinne erzielt haben. Einzelaktien sind daher auch nicht zwangsläufig mit einem größeren Risiko verbunden, als es beispielsweise bei Dividendenaktien der Fall ist.

Bei der Entscheidung für eine Aktie sollte vor dem Kauf ehrlich eingeschätzt werden, wie es um dein Wissen bestellt ist. Es ist absolut notwendig, sich mit den Unternehmen auseinanderzusetzen, deren Aktien du kaufen möchtest. Ein blinder Kauf auf einen Tipp oder auf eine Empfehlung hin ist damit nichts, was ich an dieser Stelle empfehlen kann. Setze dich daher ernsthaft mit den Unternehmen, ihren Chancen, ihren Risiken und den Produkten oder Dienstleistungen auseinander, in die du investieren möchtest.

Das hilft dir übrigens ebenfalls dabei, das Risiko nicht als übermächtig anzusehen, da du genau weißt, was du tust und ob diese Investition gerade Sinn macht.

Letztendlich gibt es weniger „richtige“ oder „falsche“ Aktien, sondern eher solche, bei denen du ein besonders gutes Gefühl hast. Investiere daher keine Summen, die dir dann für dein alltägliches Leben fehlen, und fange lieber mit kleineren Summen und weniger Titeln in deinem Depot an, um ein Gespür für die Investition zu bekommen. Mit der Zeit und mit ein wenig mehr Erfahrung fällt es dir dann entsprechend leichter, die Risiken richtig einzuschätzen und für dich selbst zu bestimmen, welche Aktien eine gute Option für dich darstellen und welche nicht. So macht es bei einer geringen Risikotoleranz mehr Sinn, auf eher stabile Aktien von Unternehmen zu setzen, die sich schon über Jahre hinweg bewährt haben. Der Kauf von Aktien von Unternehmen, die gerade erst ihren Börsengang gewagt haben, ist dann nicht die allerbeste Entscheidung.

Vielleicht fällt dir die Entscheidung für eine Aktienform nicht ganz leicht, doch es gibt in jedem Fall Möglichkeiten bei den Aktien, die sich für jedes Sicherheitsbedürfnis eignen. Im nächsten Kapitel erfährst du nicht nur mehr über den Aktienkauf an sich sowie über die Steuern, die in diesem Zusammenhang berücksichtigt werden müssen, sondern auch über die Investitionshöhe, die bei der Entscheidung für einen Titel unter anderem eine Rolle spielt. Natürlich handelt es sich hierbei nicht um eine Entscheidung für oder gegen eine Aktienart, die im Anschluss nicht mehr widerrufbar ist. Vielmehr kannst du sogar alle Aktientypen in deinem Depot mischen oder es nach einem Start mit Dividendenaktien noch mit IPOs von einem besonders interessanten Start-up versuchen. Das hat bei mir zum Beispiel sehr gut funktioniert und hilft dir zudem dabei, erst einmal ein Gespür für alle bestehenden Möglichkeiten zu bekommen.

DER AKTIENKAUF:
DEPOTS, STEUERN UND DIE INVESTITIONSHÖHE

Bevor es tatsächlich an die Auswahl der Aktien und den Aufbau eines ansprechenden Depots geht, sollten zunächst einige Aspekte beachtet werden. Ein Depot muss ausgewählt werden, Steuern sind auch auf Gewinne zu bezahlen und die Höhe der möglichen Investition bereitet nicht wenigen Einsteigern Kopfzerbrechen.

Im Gegensatz zur Geldanlage in einen ETF oder in einen Aktienfonds ist es beim Aktienkauf schließlich nicht möglich, einfach eine feste Summe anzulegen. Jede Aktie hat ihren Preis und der kann bei unter einem Euro ebenso wie bei dreistelligen Summen liegen. Natürlich legst du vorher fest, wie viel Geld du investieren möchtest, und findest dann heraus, wie viele der gewünschten Aktien sich dafür kaufen lassen.

Es ist nur nicht möglich, monatlich beispielsweise 50 oder 100 Euro fest in Aktien anzulegen und dafür Anteile zu kaufen. Vielmehr wäre es dann nur möglich, immer wieder Aktien für die gerade vorhandene Summe nachzukaufen. Sparpläne kommen daher beim Aktienkauf nicht zum Einsatz und sind Aktienfonds und ETFs vorbehalten. Dabei handelt es sich um eine wichtige grundsätzliche Überlegung, da nicht für jeden ein Sparplan geeignet ist und andere lieber eine gerade vorhandene Summe investieren wollen. Du benötigst also im ersten Schritt eine von dir festgesetzte Summe für die Investition, die so hoch sein sollte, dass sich der Kauf der Aktien tatsächlich lohnt.

Ein Beispiel wird dir dies verdeutlichen: Nehmen wir einmal an, du hast eine Sonderzahlung von 1.000 Euro erhalten und möchtest mit dieser Summe Aktien kaufen. Du hast dich nach langer Recherche für die BASF-Aktien entschieden, da du mit Dividendenaktien beginnen willst und ein gutes Gefühl dabei hast. Diese Aktien kosten pro Stück zum Zeitpunkt des Schreibens 50,17 Euro. Mit deinen 1.000 Euro könntest du damit 19 Aktien kaufen und bräuchtest nur wenig mehr, um 20 Aktien kaufen zu können. Genauer gesagt fehlen dir zu der runden Summe von 20 Aktien noch 3,40

Euro.

Es wird also ersichtlich, dass du immer nur ganze Aktien und keine anteiligen Aktien kaufen kannst. Maßgeblich ist dabei der aktuelle Kurs zum Kaufzeitpunkt. Die Kurse schwanken von Tag zu Tag. Das bedeutet zugleich, dass die gleiche Aktie morgen 1 Euro weniger oder mehr pro Stück kosten kann. Es handelt sich hierbei nicht um eine Empfehlung, diese Aktien zu kaufen, es sollen lediglich die Vorgehensweise und die entsprechenden Überlegungen mit Hilfe dieses Beispiels vorgestellt werden.

Die genaue Investitionshöhe ist somit schwer zu bestimmen, allerdings gilt hier schon, dass du im Idealfall mindestens 500 oder 1.000 Euro investieren kannst. Natürlich lohnt es sich zudem, wenn du immer wieder 2 oder 3 Aktien von einem oder von unterschiedlichen Unternehmen kaufst, da dann mit der Zeit ein ansprechendes Depot entsteht, welches sich in Bezug auf den Wert summiert. Gerade in der Anfangszeit macht es aber schon mehr Sinn, wenn du mehrere Aktien kaufst, solange dein vorhandenes Kapital dies hergibt. Es ist leichter, sich mit günstigen Aktien, die vielleicht nur 10 oder 20 Euro pro Stück kosten, ein Depot aufzubauen als mit kostspieligen Aktien mit einem dreistelligen Kaufpreis. Vor der Entscheidung für oder gegen einzelne Aktien sollten daher im Idealfall gewisse Summen vorhanden sein, damit du dir ein attraktives Depot zusammenstellen kannst.

Kostet deine gewünschte Aktie aktuell nur 10 Euro, bietet es sich hier selbst bei einer recht geringen Summe von 100 oder 150 Euro an zu investieren – zumindest dann, wenn es sich um eine gründlich recherchierte und wirklich vielversprechende Aktie handelt. Es wird also zusätzlich deutlich, dass niemand reich sein oder große Summen auf einem Konto liegen haben muss, um mit dem Investieren anzufangen. Es hängt vielmehr mit der jeweiligen Aktie, der aktuellen Situation und den persönlichen Möglichkeiten zusammen. Selbst wenn dein Depot aktuell nur 100 Euro wert ist, handelt es sich dabei ohne Frage um einen guten Anfang.

Im ersten Schritt, noch vor der Auswahl der Aktien, benötigst du aber ein

Depot, da du ohne dieses keine Aktien kaufen kannst. Es macht auch beim Kauf von Aktien in jedem Fall Sinn, die einzelnen Anbieter der Depots vor der Eröffnung miteinander zu vergleichen. Sonst kann es dir schnell passieren, dass dir höhere Kosten entstehen, die langfristig deinen Gewinn schmälern können. Schließlich macht es einen Unterschied, ob dein Depot jährlich 10 oder 30 Euro kostet. Die höheren Kosten reduzieren sofort den vorhandenen Gewinn und sorgen so dafür, dass sich deine Anlage in die Wertpapiere nicht mehr ganz so sehr lohnt. Vergleiche daher die einzelnen Anbieter in Bezug auf die jährlichen Gebühren sowie in Bezug auf Ausgabeaufschläge, da es dabei ebenfalls Unterschiede gibt. Es ist grundsätzlich etwas teurer, Aktien zu kaufen, wenn du häufig Aktien kaufst und wieder verkaufst. Schließlich sind hier die jeweiligen Aufschläge beim Verkauf zu beachten, die dann eine satte Rendite wieder verringern können.

Die Depoteröffnung ist bei den einzelnen Anbietern sehr einfach und es besteht ebenfalls die Möglichkeit, beispielsweise bei Onlinebanken wie bei der Comdirect oder der ING-DiBa direkt ein Depot zu eröffnen. Dabei könnte es sich für dich um eine interessante Option handeln, wenn du dort bereits ein Giro- oder Tagesgeldkonto hast. Natürlich gibt es auch genug Anbieter für Depots, die nicht direkt mit den Banken zusammenhängen. Nach der Depoteröffnung besteht die Möglichkeit, sofort Aktien zu kaufen. An dieser Stelle möchte ich kurz auf den Vorgang eines Kaufs bei einer Bank wie bei der Comdirect eingehen, wo die Aktien online gekauft werden können.

Bleiben wir erst einmal beim Beispiel der BASF-Aktien. In diesem Fall rufst du dein Depot auf, gibst den Namen bei der Einzelorder ein und wählst im Anschluss einen der gelisteten Handelsplätze aus. Dabei könnte es sich um die Börse Stuttgart handeln, um nur ein Beispiel zu geben. Dort wird der aktuelle Preis angezeigt und du kannst die Anzahl der gewünschten Aktien auswählen, die du in diesem Moment kaufen willst. Für einen erfolgreichen Kauf ist es noch wichtig, dass auf dem Referenzkonto, zum Beispiel bei mir das Girokonto der Bank, ausreichend Kapital für den Kauf vorhanden ist. Sobald die Auswahl diesen angezeigten Wert überschreitet, kann der Kauf nicht mehr durchgeführt werden. Folge allen Schritten bis zum Kauf – im Anschluss findest du die gekauften Aktien in deinem Depot, wo sie dir angezeigt werden. Der aktuelle Kurs und der Gesamtwert deines Depots sind dort ebenfalls ersichtlich, damit du nicht lange nach solchen relevanten Informationen suchen musst.

Die Kurse werden sich im Laufe der Zeit nach oben oder nach unten hin entwickeln. Du kannst die Aktien einfach in deinem Depot lassen, wo sie hoffentlich an Wert gewinnen – oder du verkaufst sie, wenn die Zeit gekommen ist. In diesem speziellen Fall der BASF-Aktien handelt es sich um Dividendenaktien, sodass du einmal jährlich eine Dividende von dem Unternehmen erhältst. Im Jahr 2020 hat BASF den Aktionären pro Aktie einen Betrag von 3,30 Euro ausgeschüttet. Hast du dir die vorher genannten 20 Aktien für knapp über 1.000 Euro gekauft, erhältst du entsprechend eine gesamte Dividendenzahlung von 66 Euro für die 20 Aktien. Diese Zahlung von 66 Euro muss versteuert werden, da es sich dabei um einen direkten Gewinn handelt. Auch der durch den Kursanstieg einer Aktie erzielte Gewinn muss beim Verkauf versteuert werden. Damit kommen wir nun zu den Steuern, die bei einer Investition an der Börse ebenfalls eine Rolle spielen.

Neben den Gebühren für ein Depot sowie Ausgabenaufschläge, die beim Kauf der Aktie einmalig anfallen, gehören auch die Steuern mit zu den Kosten, die dir entstehen werden. Steuern müssen grundsätzlich auf Gewinne gezahlt werden, die durch Wertpapiere und alle Arten von Geldanlagen erzielt werden. Die sogenannte Kapitalertragssteuer gibt es seit 2009 in der aktuellen Form. Die Steuer in Höhe von 25 Prozent muss also bezahlt werden, darüber hinaus kommen in vielen Fällen noch Solidaritätszuschläge in Höhe von 5,5 Prozent dazu. Bezahlst du die Kirchensteuer? Dann muss diese ebenfalls auf deine Gewinne bezahlt werden. Knapp über 30 Prozent der Gewinne sind daher immer in Form von Steuern zu bezahlen und sollten bei dem Handel mit Aktien entsprechend einkalkuliert werden.

Es treten jedoch immer wieder Fragen zu den Steuern auf, denn viele fragen sich zum einen, ob es Freibeträge gibt oder nicht. Zum anderen stellt sich die Frage, wann genau bei Aktien Steuern bezahlt werden sollen, da zwar Kursgewinne erzielt, jedoch nicht in Form eines Gewinns ausgeschüttet werden. Bei Gewinnen durch Aktien versteuerst du die Dividenden sofort in dem Jahr, in dem sie anfallen. Kursgewinne werden in dem Moment versteuert, in dem die Aktien verkauft werden. Hier besteht ein Unterschied zur Investition in Aktienfonds oder ETFs, da bei diesen Anlageformen die Gewinne entweder ausgeschüttet oder wieder in weitere Anteile angelegt werden. In einem solchen Fall müssen die Gewinne sofort versteuert werden. Kursgewinne können hingegen nicht so pauschal betrachtet werden, da diese schließlich erst dann vorhanden sind, wenn sie bei einem Verkauf der Wertpapiere tatsächlich erzielt werden.

Wenn du dir beispielsweise die genannten BASF-Aktien zu einem Kurs von 42 Euro gekauft hast und der Kurs auf 52 Euro steigt, dann würde das 10 Euro Kursgewinn pro Aktie bedeuten. Vielleicht hast du 100 Aktien in deinem Depot – der Kursgewinn beträgt dann stolze 1.000 Euro. Verkaufst du alle Aktien auf einen Schlag, beträgt der zu versteuernde Gewinn 1.000 Euro. Doch vielleicht verpasst du den Höhepunkt der Aktie und diese fällt auf 48 Euro zurück. Dann beträgt der Kursgewinn nur noch 6 Euro pro Aktie, also 600 Euro. Verkaufst du die Aktien, müssen diese 600 Euro versteuert werden. Wartest du hingegen in der Hoffnung, dass der Kurs wieder auf die vorherigen 52 Euro steigt, musst du keine Steuern bezahlen. Bis zu dem Moment, in dem der Verkauf getätigt wird und der Kursgewinn wirklich an dich übergeht.

Freibeträge gibt es zum Glück tatsächlich und es macht bei jeder Form von Investition Sinn, diese auszunutzen. Mit einem Freistellungsauftrag kannst du von diesen Freibeträgen profitieren und erhältst zum aktuellen Zeitpunkt als Single 801 Euro und als verheiratetes Paar insgesamt 1.602 Euro. Gewinne müssen erst dann voll versteuert werden, sobald diese Summe überschritten wird. Erhältst du beispielsweise als Single in einem Jahr 800 Euro Gewinn aus Aktien, dann liegst du noch unterhalb des Freibetrags und brauchst keine Steuern zu bezahlen. Erst ab einer Summe von 802 Euro müssten die Gewinne dann versteuert werden. Der Vorteil bei Aktien ist im Vergleich zu Aktienfonds wie gesagt auch, dass hier keine Gewinne automatisch ausgeschüttet werden. Automatisch ausgeschüttete Gewinne müssen direkt in dem anfallenden Jahr versteuert werden, bei Aktien ist dagegen der Verkaufszeitpunkt maßgeblich. Lediglich Dividenden sind sofort zu versteuern, da die Auszahlung in diesem Fall nicht gesteuert werden kann.

Gemeint ist damit, dass du selbst den Verkauf von Aktien steuern kannst. Nicht immer ist es möglich, diese aus steuerlichen Gründen zu einem späteren Zeitpunkt zu verkaufen, da dann vielleicht die Kurse erheblich absinken würden oder da das Geld zu einem bestimmten Zeitpunkt dringend benötigt wird. Doch falls tatsächlich die Option besteht, dass die Aktien nach und nach verkauft werden, lohnt es sich, die Grenzen für den Freistellungsauftrag genauer zu beachten. Schließlich fallen sonst mindestens 25 Prozent Steuern an und dabei handelt es sich ja nicht gerade um eine geringe Summe.

Nehmen wir einmal an, dass du ein sehr umfangreiches Depot besitzt und zum Zeitpunkt des Verkaufs aller Titel rund 3.000 Euro Gewinn versteuern müsstest. Da viele Personen nicht nur zwei oder fünf Aktien besitzen, kann es natürlich schnell zu solchen Summen kommen, solange eine ausreichende Anzahl gut laufender Aktien vorhanden ist. Wenn du diese Summe jetzt nicht sofort benötigst und es sich um stabile Aktien handelt, die sich auch später noch verkaufen lassen, bietet es sich an, den Verkauf zu splitten. Dann fallen zwar immer noch Steuern an, doch die Summen sind nicht mehr so hoch. So könnte eine Hälfte des Depots im Oktober und die andere im Januar des neuen Jahres verkauft werden. Dadurch fallen die im Januar verkauften Titel in ein neues Jahr und nehmen entsprechend einen neuen Freistellungsauftrag ein. An dieser Stelle soll vor allem gezeigt werden, welche verschiedenen Möglichkeiten es beim Verkauf von Aktien gibt. Hier hast du einen großen Spielraum in Bezug auf den Zeitpunkt des Verkaufs, der zugleich natürlich unter anderem von den jeweiligen Kursen bestimmt wird.

Nach einem ersten Blick auf diese grundsätzlichen Hintergründe, die beim

Aktienkauf eine Rolle spielen, wollen wir uns in den nächsten Kapiteln die Gemeinsamkeiten und Unterschiede der einzelnen Aktientypen einmal detaillierter ansehen. Mit Hilfe von Beispielen möchte ich dich dabei auf die Chancen ebenso wie auf die Risiken dieser Form der Geldanlage hinweisen, die nicht unterschätzt werden sollten.

FINANZIELLE FREIHEIT DURCH DIE INVESTITION IN AKTIEN

Zuvor wurde bereits angesprochen, welche Möglichkeiten sich durch die Investition in Aktien ergeben. In den folgenden Kapiteln werden die einzelnen Aktienarten genauer betrachtet, damit du ein besseres Gespür für die Möglichkeiten bekommst, die sich beim Kauf von Aktien für dich ergeben. Der Aufbau eines Vermögens ist schließlich nur dann möglich, wenn dein Geld für dich arbeitet und Gewinne abwirft. Das ist bei Aktien der Fall – zumindest dann, wenn du dich für Unternehmen entscheidest, bei denen Kursgewinne beziehungsweise Dividendenzahlungen zu erwarten sind.

EINZELAKTIEN IM FOKUS: ZWISCHEN RISIKO UND SICHERHEIT

Wir beginnen mit den Einzelaktien von Unternehmen, die keine Dividenden an ihre Aktionäre auszahlen, dabei aber auch nicht mehr zu den Neueinsteigern an der Börse gezählt werden können. Es handelt sich hierbei durchaus um große und etablierte Unternehmen, die teilweise ein sehr großes Wachstumspotenzial aufweisen. Gute Kenntnisse über die Tätigkeiten der Unternehmen sollten vorhanden sein und du solltest darüber hinaus die im nächsten Kapitel beschriebenen Kennzahlen berücksichtigen, wenn es um die Auswahl der Aktien geht. Außerdem kann es sich bei den Einzelaktien um hervorragende Optionen handeln, wenn eine Krise abgewartet wird, die zu starken Kursverlusten führt.

Unternehmen geben verschiedene Gründe dafür an, warum keine Dividenden ausgeschüttet werden, und diese Gründe sind tatsächlich sehr plausibel. Es kann beispielsweise sein, dass keine Dividenden gezahlt werden, damit die Unternehmensgewinne für das weitere Wachstum und nicht für Dividenden genutzt werden. Natürlich gibt es ebenso die Fälle von Unternehmen, die keine Dividenden ausschütten, da es keine Gewinne gibt, die verteilt werden könnten. In solchen Fällen ist meist entweder die aktuelle Wirtschaftslage schlecht oder es wurden so hohe Investitionen getätigt, dass keine Gewinne übrig bleiben. Besonders bei eher jungen Unternehmen kann das schnell passieren. Hier wäre ein nicht vorhandener Gewinn nicht unbedingt ein Zeichen dafür, dass es dem Unternehmen schlecht geht oder dass gar eine Insolvenz zu befürchten ist. Die Wachstumsphase, in der sich das Unternehmen befindet, hat dann einfach aktuell Vorrang, doch es lohnt sich oft, solche Aktien dennoch genauer zu betrachten. Größere Unternehmen mit vorhandenen Gewinnen, die aber nicht an Aktionäre weitergegeben werden, wollen diese oft in das Wachstum des Unternehmens stecken und arbeiten daran, noch größer zu werden. In diesem Fall sind entsprechend höhere Kursgewinne zu erwarten, von denen die Anleger dann ebenfalls profitieren.

Nicht selten sind solche Kursgewinne so hoch, dass sie wesentlich mehr

Potenzial bieten, als es bei einer Dividende der Fall sein könnte. Schließlich können Investitionen in das eigene Unternehmen dazu führen, dass es zum Marktführer wird oder diese Position weiter ausbauen kann. Auch die Entwicklung neuer Produkte sowie die Forschung sind kostenintensive Geschäftsbereiche, die viel Kapital benötigen. Stelle dir einmal vor, ein Unternehmen hat 1 Million Aktien ausgegeben und zahlt pro Aktie 2 Euro Dividende. Diese 2 Millionen Euro würden dann aber fehlen, um das Unternehmen weiter nach vorne zu bringen oder um eine Zukunft zu sichern, die natürlich sehr im Interesse des Anlegers liegt. Denn die Stagnation, also eine fehlende wirtschaftliche Entwicklung, kann zum Untergang eines Unternehmens führen und sollte daher so gut es geht vermieden werden.

Vor allem innovative, junge Unternehmen mit großem Potenzial werden keine Dividenden ausschütten, sondern konzentrieren sich eher auf die Entwicklung der eigenen Produkte und Dienstleistungen – was natürlich alles andere als negativ ist, wenn es sich um innovative Ideen und Produkte mit Zukunft auf dem Markt handelt. Hier lohnt es sich, wenn du möglichst früh einsteigst, um so viel wie nur möglich von der Wachstumsphase in Form von Kursgewinnen mitzubekommen. Irgendwann neigt sich aber fast jede Wachstumsphase ihrem Ende zu, sogar bei innovativen Unternehmen, die einen beträchtlichen Marktanteil in ihrer Branche innehaben.

Jetzt hast du zwei Optionen, die sich vorteilhaft auf dein Vermögen auswirken werden:

1. Du verkaufst die Aktien und profitierst von den bisherigen Kursgewinnen (und reinvestierst im Anschluss das Geld in andere Unternehmen).
2. Oder du behältst deine Aktien und wartest darauf, dass doch noch Dividendenzahlungen folgen (das ist tatsächlich bei den meisten Unternehmen nach diesem Höhepunkt des Wachstums zu erwarten).

Kommen wir noch zu einem weiteren Vorteil von Einzelaktien im Vergleich zu Dividendenaktien, der oftmals unterschätzt wird. Bei den Dividendenaktien musst du die erhaltenen Zahlungen versteuern, wie du bereits weiter oben erfahren hast, und wirst diese im besten Fall reinvestieren, damit dein Vermögen langfristig wachsen kann. In diesem Fall wirst du aber nicht den gesamten Gewinn neu investieren können, außer du schaffst es, unterhalb des Freibetrags zu bleiben. Kursgewinne aus Aktien ohne Dividendenausschüttungen werden natürlich ebenfalls versteuert, allerdings erst am Ende, wenn du diese Aktien tatsächlich verkaufst. Auf diese Weise ist es möglich, insgesamt höhere Gewinne sowie einen Steuervorteil zu erhalten. Intelligent und besonders sinnvoll ist es allerdings, wenn du Dividenden einstreichst und in deinem Depot trotzdem stark wachsende Aktien hältst, die für noch höhere Gewinne sorgen können.

Vielleicht fragst du dich jetzt, welche bekannten internationalen (und nationalen) Vertreter dieser Aktienart es gibt? Hier sind tatsächlich einige Aktien zu nennen, die selbst ohne eine jährliche Gewinnbeteiligung und ohne große Überraschungen, wie es bei Neulingen an der Börse der Fall sein kann, für starke Kursgewinne sorgen. Das Interessante ist, dass es sich hierbei um namhafte Unternehmen handelt, die sich immer noch in einer starken Wachstumsphase befinden.

Einige Beispiele für Unternehmen, die keine Dividenden zahlen:

1. Facebook

Im September 2020 liegt der Kurs der Aktie bei 261 US-Dollar mit weiterhin steigender Tendenz. Kenner gehen davon aus, dass der Höhepunkt der Wachstumsphase vermutlich bald erreicht ist – noch ist es allerdings nicht soweit. Im Jahr 2012 hat Facebook den Börsengang mit 38 US-Dollar pro Aktie gewagt, kurz danach lag die Aktie auf dem Tiefststand von nur 18 US-Dollar. Dividenden werden nicht gezahlt, doch die Kursgewinne sind schon so mehr als beeindruckend.

2. Amazon

Die Aktie von Amazon ist heute 3.144 US-Dollar wert. Im Oktober 2015 lag sie noch bei 532 US-Dollar. Hier werden Anleger selbst ohne Dividenden satte Gewinne einstreichen können.

3. Google

Im September 2020 liegt die Google-Aktie bei 1.466 US-Dollar – im Oktober 2004 waren es noch 86 US-Dollar.

4. Ebay

Bei Ebay brauchten Anleger ein wenig mehr Geduld: Von einem Kurs von 0,79 US-Dollar im September 1998 ist der Kurs auf 52 US-Dollar im September 2020 gestiegen.

Unternehmen wie Apple und Microsoft zahlen übrigens mittlerweile eine Dividende, was sehr lange nicht der Fall war. Ab einem bestimmten Punkt, wenn das Unternehmenswachstum weniger stark ist oder nicht mehr so viel investiert werden muss, sind daher bei vielen großen Unternehmen Dividenden zu erwarten. Natürlich gibt es nicht nur solche positiven Beispiele wie die genannten. Solche Durchstarter oder regelrechte „Wunderaktien" sind eher selten anzutreffen und es gibt genug Unternehmen, die keine Dividenden ausschütten, weil schlicht kein Geld dafür vorhanden ist. Die vorherigen Beispiele sollen lediglich zur Verdeutlichung der Möglichkeiten eingesetzt werden, die zweifelsfrei in Bezug auf Aktien vorhanden sind. Weitere Beispiele und genauere Erklärungen zum Vorgehen in Bezug auf den Kauf der Aktien hast du in diesem Buch bereits im Kapitel über die Geschichte der Börse gefunden.

Abschließend möchte ich zu dem Thema der Einzelaktien, also der Aktien ohne Dividendenausschüttungen, noch anmerken, dass beispielsweise Warren Buffett schon immer auf solche Aktien gesetzt hat. Das Kapital ist nach der Meinung des berühmten und vor allem sehr reichen Finanzexperten im Unternehmen besser aufgehoben. Das beinhaltet, dass keine Dividenden ausbezahlt werden. Im Idealfall baust du dir ohnehin mit der Zeit ein vielseitiges Depot auf, in dem sich Dividendenaktien genau wie Einzelaktien befinden. Der eine oder andere Neueinsteiger rundet zusammen mit guten ETFs oder günstigen und zugleich lukrativen Aktienfonds dein Depot ab. Deine finanzielle Freiheit ist bei einer solchen Vorgehensweise definitiv nicht mehr weit entfernt!

DIVIDENDENAKTIEN IM FOKUS: SICHERHEIT UND STABILE ERTRÄGE

Kommen wir zu den Dividendenaktien, die vor allem aufgrund der ausgeschütteten Dividenden so interessant für Anleger sind. In Deutschland wird bei der jährlichen Hauptversammlung des jeweiligen Unternehmens eine Dividende festgelegt, die dann ausgeschüttet wird, wenn ein Gewinn der Aktiengesellschaft erzielt wird. In den USA haben sich eher quartalsweise niedrigere Dividenden eingebürgert, die sich nach einiger Zeit aber ebenfalls ordentlich summieren können. Aufgrund der Dividende ist hier die Sicherheit, einen Gewinn zu erzielen, wesentlich größer als bei Aktien, die keine Dividenden beinhalten.

Das ist besonders für Einsteiger beim Aktienkauf sehr wichtig zu wissen, da bei den bewährten Unternehmen tatsächlich ein eher geringes Risiko vorhanden ist. Empfehlenswert ist es daher, sich einige solcher Aktien zu kaufen und im Depot zu lassen, damit die Dividenden erwartet werden können. Einsteiger, die mit dem Kauf ihrer ersten Aktien beginnen wollen, sollten sich die Dividendenaktien daher besonders aufmerksam ansehen.

Für deutsche Aktien ist der DivDAX ein entscheidender Index, wenn es um die Dividendenaktien geht. In diesem Index sind die 15 Unternehmen aufgelistet, die den Aktionären jährlich die höchsten Dividenden einbringen. Einen Blick auf diese Unternehmen zu werfen, ist daher beim Wunsch, Dividendenaktien zu kaufen, ohne Frage eine gute Empfehlung. Es gibt übrigens zwei verschiedene Strategien, die sich schon oft als sinnvoll erwiesen haben. Die eine Option ist, dass Aktien der fünf oder zehn obersten Unternehmen im DivDAX gekauft werden, also die mit den höchsten Dividenden. Auf diese Weise werden die stärksten Titel gekauft und die Wahrscheinlichkeit, tatsächlich hohe Dividenden zu erzielen, ist entsprechend hoch. Die zweite Strategie ist, nicht die Aktien der Unternehmen mit den höchsten Dividenden zu kaufen, sondern die, bei denen die Dividenden von Jahr zu Jahr am stärksten wachsen. Denn in diesem Fall können immer höhere Dividenden erwartet werden, selbst wenn dabei natürlich weiterhin ein Risiko vorhanden ist.

Ein Beispiel zeigt dir noch besser, wie diese Dividendenstrategien zu verstehen sind. Alle im Anschluss genannten Zahlen und Daten beziehen sich auf den aktuellen Zeitpunkt und können sich entsprechend bis zum Zeitpunkt des Lesens wieder verändert haben – schließlich ist die Börse teilweise recht wechselhaft. Der DivDAX gibt aktuell folgende fünf Unternehmen zuerst an, da diese die höchsten Dividenden ausgeschüttet haben. (Die Zahlen in Klammern beziehen sich auf die letzte Dividendenzahlung und geben erst den Betrag in Euro und dann die Dividendenrendite, über die du im Kapitel der wichtigen Kennzahlen noch mehr erfährst, in Prozent an.):

1. BASF (3,30 Euro / 6,11 Prozent)
2. Allianz SE (9,60 Euro / 5,95 Prozent)
3. BMW (2,50 Euro / 5,31 Prozent)
4. E.ON (0,46 Euro / 4,55 Prozent)
5. Bayer AG (2,80 Euro / 4,44 Prozent)

Zugegeben, einige der genannten Beträge wirken erst einmal ziemlich niedrig. Doch es sind ebenfalls die prozentualen Werte von Bedeutung, also die Werte, die sich auf die Rendite in Prozent beziehen. Werte von 4 bis 6 Prozent sind keinesfalls zu unterschätzen, da es sich dabei um eine direkte Rendite handelt. Wenn du einmal überlegst, dass du bei einem Tagesgeldkonto beispielsweise nicht einmal mehr 1 Prozent Zinsen bekommst, sind 4 bis 6 Prozent Rendite, also Gewinn, durch Dividenden schon sehr interessant. Hierbei sollte außerdem nicht vergessen werden, dass du von einer Allianz-Aktie mit einem Kurs von 161,42 Euro vor der Festlegung der Dividendenzahlung vermutlich auch nicht so viele Aktien besitzt wie beispielsweise von E.ON. Denn bei E.ON lag der Kurs vor der Festlegung der Dividende bei günstigen 10,10 Euro. Daher wäre es ein Fehler, sich hier allein die absoluten Zahlen anzusehen. Viel bedeutsamer ist die prozentuale Rendite bei der Dividende, die als Dividendenrendite angegeben wird.

Besitzt du beispielsweise 10 Aktien von jedem der fünf genannten Unternehmen, dann hättest du dich im Jahr 2020 über Renditen in Höhe von insgesamt 186,60 Euro freuen können. Im Laufe der Zeit könntest du dein Depot noch ein wenig aufstocken und kannst dich dann im besten Fall über noch höhere Renditen freuen. Da von den hier erwähnten fünf Unternehmen drei ihre Dividenden im Vergleich zum Vorjahr erhöht haben, ist eine solche Dividendenstrategie sowohl sehr einfach als auch wirksam. Im Normalfall ist bei diesen Aktien nicht mit sehr großen Kursgewinnen zu rechnen, dafür aber eben mit guten Renditen aus den Dividenden, sodass es sich lohnt, diese Aktien möglichst lange im eigenen Depot zu belassen.

Die zweite Strategie würde sich auf die Unternehmen konzentrieren, bei denen die Dividenden am stärksten wachsen. Dabei lohnt es sich, wenn du dich nur auf Unternehmen konzentrierst, die in den letzten Jahren ihre Dividenden stetig erhöht haben. Es gibt tatsächlich sogenannte Dividendenkönige, bei denen dieser Gewinn von Jahr zu Jahr gesteigert wird – und das teilweise seit vielen Jahren. Besonders dann, wenn dir eine gewisse Verlässlichkeit wichtig ist und es dir darauf ankommt, dass mit großer Wahrscheinlichkeit auch in den nächsten Jahren Dividenden ausgeschüttet werden, sind diese Optionen sicherlich interessant für dich.

Diese fünf Unternehmen gehören zu den Dividendenkönigen:

- Coca-Cola
- Johnson & Johnson
- Colgate-Palmolive
- Procter & Gamble
- Target

Colgate-Palmolive schüttet seit über 120 Jahren Dividenden aus, Procter & Gamble erhöhen diese seit 62 Jahren regelmäßig und Coca-Cola erhöht die Dividende ebenfalls seit 50 Jahren jährlich. Diese liegt mittlerweile bei 3 Prozent, genau wie bei vielen anderen dieser Unternehmen. Vielleicht sind die Dividendenrenditen in Prozent nicht ganz so hoch, doch es schadet sicherlich nicht, im eigenen Depot einige solcher Titel unterzubringen. Dadurch sinkt das Risiko deutlich und es besteht die Möglichkeit, dass du dich Jahr für Jahr über Dividenden freuen kannst.

An dieser Stelle sollten aber die längerfristigen Auswirkungen der Corona-Krise nicht ganz ausgeblendet werden, da schon jetzt klar ist, dass viele Unternehmen erst einmal ihre Dividenden werden senken müssen. Große Steigerungen sind daher eher nicht zu erwarten, sodass es aktuell mehr Sinn macht, auf stabile und verlässliche Titel zu setzen. Bei diesen ist weiterhin mit einer Dividende zu rechnen, selbst wenn diese vielleicht leicht sinkt oder erst einmal auf dem gleichen Niveau bleibt. Sobald die Situation sich wieder beruhigt hat, ist vermutlich wieder mit steigenden Beträgen zu rechnen.

Es ist des Weiteren nicht so leicht zu sagen, in welcher Anzahl du solche Aktien kaufen solltest oder welchen Wert sie haben sollten. Entscheidend sind hierbei deine Möglichkeiten in Bezug auf das vorhandene Kapital, welches – natürlich zusammen mit dem jeweiligen Kurs – darüber mitentscheidet, wie viele Aktien du dir am Ende kaufen kannst. Wichtig ist beim Kauf von Dividendenaktien, dass diese nur dann Sinn machen, wenn du sie länger in deinem Depot hältst. Denn eventuell sind zwar keine sehr großen Kursgewinne zu erwarten, doch die Dividenden summieren sich natürlich – allerdings nicht unbedingt in nur einem oder zwei Jahren. Zusätzlich sollten die Kosten für den Kauf der Aktie nicht vergessen werden: Deshalb ist es sinnvoller, die Dividendenaktien als Titel anzusehen, die ruhig 10, 15 oder 20 Jahre im Depot bleiben können. Vergiss dabei nicht, dass sich viele Unternehmen regelrecht damit rühmen, dass die Höhe ihrer Dividenden von Jahr zu Jahr leicht steigt. Es macht daher Sinn, das Depot langfristig mit Dividendenaktien auszustatten, damit du von diesen Steigerungen profitierst und diese jährlichen oder vierteljährlichen Gewinne in Zukunft regelmäßig erwarten kannst. Tipp: Achte auf den Termin der Hauptversammlung bei deutschen Aktien und darauf, dass die Aktien bis zu diesem Zeitpunkt in deinem Depot gelistet sind. Dann hast du einen Anspruch auf die ausgeschütteten Dividenden. Es kann sich also durchaus lohnen, die Aktien erst recht kurz vor der Hauptversammlung zu kaufen.

IPOS IM FOKUS: CHANCEN UND RISIKEN DER BÖRSENNEULINGE

Die sicherlich risikoreichste Möglichkeit, Aktien zu kaufen, wäre eine Investition in IPOs. Unter IPO wird hier, wie schon zuvor erwähnt, „Initial Public Offering" verstanden, also ein erstes öffentliches Gebot an der Börse. Alle Aktien von Unternehmen, die ihren Börsengang wagen und bisher noch keine Aktien angeboten haben, fallen damit unter die IPOs. Es handelt sich quasi um die Neueinsteiger an der Börse, die jetzt den Schritt wagen und durch das Angebot von Aktien an mehr Kapital für ein stärkeres Wachstum gelangen wollen.

Vielleicht fragst du dich jetzt noch, warum diese Aktien überhaupt so risikobehaftet sind, wie bei IPOs vorgegangen wird und warum genau du dich eventuell doch auf einen Versuch mit IPOs einlassen solltest. Denn IPOs sind wirklich spannend und eignen sich sogar mit ein wenig Vorbereitung für Einsteiger, die bisher kaum Aktien gekauft haben. Einige Vorkenntnisse sollten in jedem Fall vorhanden sein, damit die Enttäuschung im Anschluss nicht eventuell groß ist, wenn die neu gekauften Aktien dann doch nicht den erwarteten Ertrag einbringen.

Eine maßgebliche Grundinformation wäre in diesem Fall noch, wie überhaupt bei IPOs die Kurse zustande kommen und wer die Einstiegskurse bestimmt, die hier eine Rolle spielen. Das Unternehmen, welches den Börsengang wagen will, gibt diesen als Auftrag wahlweise an eine oder an mehrere Banken ab. Die Bank oder die Banken legen den Kurs für die Aktien fest und bestimmen somit das Eröffnungsangebot, welches dann ausschlaggebend für den Kauf ist. Das Eröffnungsangebot ist besser bekannt als „Emissionspreis" und es besteht die Möglichkeit, die Aktien schon vor dem eigentlichen Börsengang bei der jeweiligen Bank zu bestellen.

Ein mögliches Beispiel für einen IPO könnte jetzt der vermutlich anstehende Börsengang von Airbnb sein, der aufgrund der aktuellen Krise immer weiter nach hinten verschoben wurde. Zum Zeitpunkt der Veröffentlichung dieses Buches ist noch nicht klar, wann der Börsengang erfolgen soll, und es heißt lediglich, dass er für Ende 2020 geplant ist. Natürlich kann es genauso gut 2021 werden – solange kein festes Datum bekannt ist, ist es schwierig, mit diesem Börsengang zu rechnen oder gar zu planen.

Nehmen wir einmal an, du wartest auf den Börsengang von Airbnb, hast dafür vielleicht sogar schon Geld zum Investieren zur Seite gelegt und willst jetzt die Aktien bestellen. Sobald klar ist, dass der Börsengang tatsächlich stattfindet, und feststeht, zu welchem Zeitpunkt dieser erwartet wird, werden die Aktien angeboten und können gekauft werden. Natürlich gibt es in einem solchen Fall keinen Hinweis auf die weitere Entwicklung, die solche Aktien durchlaufen werden. Du könntest zum Beispiel bei einem Emissionspreis von 30 Euro pro Aktie für 900 Euro 30 Aktien (plus Ausgabeaufschlag) bezahlen und hättest dir dann diese 30 Aktien gesichert. Ob diese nach einem Jahr gar nichts mehr, 10 Euro pro Aktie oder aber 150 Euro pro Aktie wert sind, kann niemand genau sagen. Schließlich müssen sich Neueinsteiger an der Börse erst beweisen und die teilweise sehr hohen Erwartungen der Aktionäre erfüllen. Das funktioniert natürlich nicht immer.

Es hilft in jedem Fall, vor einem Börsengang so gründlich zu recherchieren, dass ungefähr eingeschätzt werden kann, ob sich die Aktie lohnt oder nicht. Negative Beispiele für IPOs gibt es schließlich ebenso, sonst gäbe es keinen Grund, an dieser Stelle auch auf die möglichen Risiken hinzuweisen, die mit dem Kauf von Aktien von Neueinsteigern an der Börse verbunden sind. Ein entsprechendes Beispiel könnte die Restaurantkette „Vapiano" sein, die mit dem Börsengang im Jahr 2017 sehr viel Geld eingenommen hatte. Aktuell, also im September 2020, steht die Aktie bei unglaublichen 0,071 Euro! Diese Insolvenz hat sowohl die Aktionäre als auch viele Menschen überrascht, die schon einmal in einem der Restaurants dieser Kette waren. Vor der Insolvenz hatte Vapiano ganze 235 Restaurants in insgesamt 33 Ländern und galt sicherlich als eines der aussichtsreichsten Unternehmen. Das bestehende Risiko sollte folglich in jedem Fall ernst genommen werden.

In vielen Fällen kommt es nach dem Börsengang erst einmal zu einem starken Anstieg der Kurse. Erst im Anschluss fallen diese wieder ab, teilweise sogar rasant, wodurch die Hoffnung auf hohe Gewinne meist erst einmal gedämpft wird. Da es jedoch nicht unbedingt der Fall ist, dass die Aktien nach dem Börsengang abfallen, gilt es stets aufs Neue abzuwägen, ob schon beim Börsengang oder erst im Anschluss ein Kauf der Aktien sinnvoll ist.

Um die Chancen sowie die Risiken von IPOs besser einschätzen zu können, wollen wir an dieser Stelle einen Blick auf vergangene Börsengänge werfen. Dadurch wird dir klar werden, dass du mit einem Neueinsteiger alles richtig machen kannst – oder aber problemlos alles verlieren kannst, was du an Geld hineingesteckt hast. Das Beispiel „Vapiano“ hat uns ja bereits gezeigt, dass eine Aktie durch eine Insolvenz genauso gut komplett an Wert verlieren kann. Direkt fünf weitere Beispiele aus den letzten zwei Jahren habe ich nachfolgend für dich zusammengestellt, damit du für dich selbst besser entscheiden kannst, ob sich der Aktienkauf von Neueinsteigern lohnt oder nicht:

1. Pinterest

Den sozialen Netzwerken gehört die Zukunft? Nun, zumindest stellen diese eine gute Investitionsmöglichkeit dar, was unter anderem die Facebook-Aktie seit ihrem Börsengang bewiesen hat. Pinterest startete mit einem Ausgabepreis von 19 US-Dollar im April 2019. Im September 2020 ist eine Aktie schon 40 US-Dollar wert, also das Doppelte des Ausgabepreises. In diesem Fall hat sich die Aktie erholt, zwischenzeitlich lag sie tatsächlich bei einem Kurs von nur 11 US-Dollar. Einmal mehr hat sich bei diesem Börsengang gezeigt, dass die Kurse nach diesem erst stark angestiegen sind, nur um im Anschluss daran extrem zu fallen. Und um dann wieder anzusteigen – ein Auf und Ab, welches auch für die Nerven sicherlich nicht ganz ohne ist, wenn auf einen solchen Börsengang gesetzt wird.

2. Beyond Meat

In diesem Buch hast du bereits von dem US-Unternehmen „Beyond Meat" und seinen veganen Fleischersatzprodukten sowie von seinem beeindruckenden Börsengang gelesen. Hierbei handelt es sich ohne Frage um einen der ganz großen Gewinner der letzten beiden Jahre, da der Schlusskurs der Aktie am Eröffnungstag schon bei 63,84 Euro lag. Heute steht Beyond Meat bereits bei 150 US-Dollar – Tendenz steigend. Das allein wäre natürlich schon eine unglaubliche Rendite für den Zeitraum zwischen Börsengang am 3. Mai 2019 und Ende September 2020. Dabei wird aber oft vergessen, dass der Ausgabepreis beim Börsengang bei nur 25 US-Dollar lag und dieser schon am ersten Tag an der Börse ganz neue Höhen erklommen hat. Beyond Meat ist damit ein schönes Beispiel für einen Börsengang, bei dem es gut gewesen wäre, die Aktien direkt beim Einstieg zu kaufen und keinen Tag länger zu warten.

Wer beim Börsengang von Beyond Meat 500 US-Dollar in die Hand genommen und davon 20 Aktien gekauft hätte, könnte sich heute über einen starken Wertzuwachs freuen. Diese 20 Aktien wären schließlich bei einem Kurs von 150 US-Dollar schon 3.000 US-Dollar wert – also das Sechsfache der ursprünglich investierten Summe! Solche IPOs sind eher selten, doch mit dem richtigen Gespür kann man erfolgreich in solche Aktien investieren. Selbst 100 oder 200 US-Dollar wären hier vor einem Jahr gut aufgehoben gewesen und würden sich heute mehr als nur ein wenig bezahlt machen.

3. Zoom

Intelligente Apps, die für eine Erleichterung der Arbeit sorgen und beispielsweise Videokonferenzen möglich machen, sind heute natürlich gefragt wie noch nie. Kein Wunder also, dass Zoom als Anbieter einer App für Videoanrufe und -konferenzen einen so starken Börsengang hingelegt hat. Im April 2019 lag der Ausgabepreis bei 65 US-Dollar, Ende September 2020 steht die Aktie bei 450 US-Dollar!

Selbstverständlich war eine solche Entwicklung nicht absehbar, da wohl beim Börsengang von Zoom noch niemand damit gerechnet hatte, welche Bedeutung die Arbeit aus dem Home-Office nur ein Jahr später einnehmen würde. Aktionäre, die damals auf Zoom gesetzt haben, können sich daher zweifellos über sehr starke Kursgewinne freuen. Hier würde sich die Frage stellen, wie die Entwicklung weitergeht, da das Arbeiten aus dem Home-Office vermutlich nicht für immer, zumindest nicht in diesem Stil wie während der Corona-Krise, weitergehen wird.

4. Westwing

Der Börsengang der Westwing Group erfolgte im Oktober 2018 und seitdem musste der Online-Möbelhändler einige Einbußen beim Aktienkurs hinnehmen. Der Einstiegskurs lag damals bei 23 Euro und im September 2020 steht der Kurs bei knapp über 19 Euro. Allerdings handelt es sich hierbei erneut um eine sehr interessante Wertentwicklung, da das Unternehmen zwischenzeitlich einen Kursverlust von 90 Prozent hatte! Im September 2019 lag der Kurs bei nur 2,17 Euro und Anleger hätten damit enorme Verluste zu verzeichnen gehabt, wenn sie die Aktien zu diesem Zeitpunkt verkauft hätten. Stelle dir einmal vor, du hättest im September 2019 für knapp unter 50 Euro 20 Aktien von Westwing gekauft. Dann hätte sich die Investition mehr als gelohnt, da du innerhalb von nur 1 Jahr aus knapp 50 Euro ganze 380 Euro gemacht hättest. Das ist allerdings ein Extrembeispiel, da der Kurs genauso gut so tief hätte bleiben können, und alle Aktionäre, die beim Börsengang investiert haben, konnten ihre Verluste eindeutig noch nicht wieder aufholen.

5. Uber

Im Mai 2019 ging das Transportunternehmen „Uber“ an die Börse. In vielen Ländern der Welt wird die App seit der Veröffentlichung dazu genutzt, leichter von einem Ort zum anderen zu kommen und auf kein Taxi mehr angewiesen zu sein – oder selbst etwas als Fahrer dazuzuverdienen. Passend dazu gibt es übrigens noch den Lieferservice für Essen, „Uber Eats“. Aus einer Vielzahl von Restaurants (das Angebot hängt von der Region ab) können Kunden ihren Favoriten ordern und sich die Gerichte nach Hause bestellen. Durch die einfache Verwendung von Uber, eine sehr hohe Nachfrage und die Bedeutung von günstigen Alternativen zu einem Taxi wurde die App so beliebt, dass schließlich ein Börsengang gewagt wurde.

Interessanterweise handelt es sich bei Uber um einen IPO, bei dem der Börsengang freudig erwartet wurde und dem eines hohes Potenzial vorausgesagt wurde. Im Mai 2019 lag der erste Ausgabekurs bei 45 US-Dollar – einem Wert, der seither nicht mehr erreicht wurde! Durch den Börsencrash im März 2020 gilt sein Kurs von 14,82 US-Dollar als Tiefststand. Im September 2020 beträgt der Kurs der Uber-Aktie 35,43 US-Dollar, sodass alle Aktionäre, die beim Börsengang investiert haben, in den knapp anderthalb Jahren zwischen Mai 2019 und September 2020 fast 10 US-Dollar Verlust pro Aktie hinnehmen mussten. Jetzt stellt sich nur die Frage, wie sich diese Aktien weiterhin und während der Pandemie mit starken Reisebeschränkungen entwickeln werden. Es ist also durchaus noch Potenzial nach oben hin zu erkennen, sodass viele Aktionäre wohl eher warten werden und darauf hoffen, dass der Kursgewinn noch kommt.

Zwei Rechenbeispiele sollen dir außerdem zeigen, wie sehr es beim Kauf von Aktien auf den Einstiegszeitpunkt ankommen kann. Einmal angenommen, du hättest beim Börsengang für 450 US-Dollar Aktien gekauft und dafür 10 Aktien erhalten. Diese wären heute nur noch etwas mehr als 350 US-Dollar wert, was einem Verlust von 100 US-Dollar entspricht. Hättest du aber den Moment des Börsencrashs genutzt und bei einem Kurs von sagen wir 15 US-Dollar investiert und dir 10 Aktien für nur 150 US-Dollar gekauft, wären diese im September 2020 ebenfalls rund 350 Euro wert. Das entspricht einem Gewinn von mehr als 100 Prozent.

Wenn es um das Thema „Aktienkauf von IPOs" geht, solltest du genau wissen, was hinter dem jeweiligen Unternehmen steht, worauf es ankommt und wie aussichtsreich diese Branche für die Zukunft ist. Die Kennzahlen aus dem folgenden Kapitel dienen mehr der Auswahl von Aktien, die schon seit einiger Zeit an der Börse zu finden sind, damit überhaupt entsprechende Daten für diese Analyse herangezogen werden können. Bei Neueinsteigern ist es hingegen besser, auf Details wie auf den Umsatz und den Gewinn des Unternehmens, die jeweilige Branche sowie auf Trends zu achten. Beim genauen Betrachten dieser Daten ist es oft gar nicht so schwierig, ein Unternehmen besser einzuschätzen und zu überlegen, ob man darin investieren sollte oder nicht.

DIESE KENNZAHLEN BRAUCHST DU FÜR DEN AKTIENKAUF!

Wenn es um Begriffe oder Abkürzungen wie um das KGV oder um die Dividendenrendite geht, bist du erst einmal verloren? Keine Sorge, diese Dinge klingen nur im ersten Moment kompliziert, sind aber nicht ansatzweise so komplex, wie du vielleicht annimmst. In diesem Kapitel findest du die fünf wichtigsten Kennzahlen, die du für den Kauf von Aktien kennen solltest, damit du die einzelnen Unternehmen vor dem Kauf ihrer Aktien besser beurteilen kannst.

Die hier erläuterten Kennzahlen und Abkürzungen kommen ebenfalls im nächsten Kapitel bei den möglichen Strategien noch vor, sodass es für dich hilfreich ist, dieses Wissen frühzeitig zu besitzen. Es gibt noch weitere Kennzahlen, die von Profis teilweise zusätzlich genutzt werden – es handelt sich hierbei jedoch um kein Muss, sodass ich mich absichtlich auf die gängigsten Kriterien der Bewertung stütze. Sonst wäre der Kauf von Aktien mit zu hohen Hürden verbunden, die so nicht sein müssen, um eine gute Entscheidung zu treffen.

Folgende Kennzahlen solltest du für den Aktienkauf und die Auswahl passender Aktien kennen:

1. **KGV – Kurs-Gewinn-Verhältnis**

Diese Kennzahl wird dir beim Aktienkauf immer wieder begegnen: Sie meint das Verhältnis des Gewinns eines Unternehmens zum aktuellen Börsenkurs. Für die Berechnung des KGV ist es erforderlich, dass der Gewinn des vergangenen Jahres oder der voraussichtliche Gewinn des laufenden Jahres, die Anzahl der Aktien sowie der aktuelle Aktienkurs bekannt sind. Um diese Kennzahl zu erhalten, wird im ersten Schritt der Gewinn durch die Anzahl der Aktien eines Unternehmens geteilt. Diesen so entstehenden Gewinn pro Aktie brauchst du jetzt, um das KGV auszurechnen. Teile den derzeitigen Börsenkurs durch den errechneten Gewinn pro

Aktie und schon erhältst du das KGV, das du für die genauere Analyse eines Unternehmens benötigst. Auf diese Weise kann das Kurs-Gewinn-Verhältnis von Unternehmen in Deutschland, Österreich und der Schweiz berechnet werden. Achte darauf, diesen Wert nicht im internationalen Vergleich einzusetzen, da die Gewinne in anderen Ländern anders dargestellt werden und hier andere Berechnungsformen zum Einsatz kommen müssten.

Letztendlich hilft dir das Kurs-Gewinn-Verhältnis dabei zu wissen, wie viel du für einen Euro Gewinn in diesem Moment bezahlst. Ein niedriger Wert bedeutet somit, dass es sich um ein günstiges Unternehmen handelt. Als günstig wird ein Wert eingestuft, der weniger als 10 beträgt. Das KGV gehört ohne Frage mit zu den bedeutenden Kennzahlen, wenn es um die Beurteilung von Aktien sowie um die Einschätzung von Chancen und Risiken geht.

Bevor du jetzt aber damit anfängst, mühsam nach dem Gewinn eines Unternehmens zu suchen, der vielleicht ebenso wie die tatsächliche Anzahl der Aktien nicht so einfach zu finden ist, solltest du eher in entsprechenden Finanzportalen nachsehen. Denn diese Kennzahl wird dort in der Regel angegeben. Wichtig wäre eher, dass du weißt, was sich hinter einem solchen Wert verbirgt und warum nicht nur das aktuelle Kurs-Gewinn-Verhältnis, sondern auch das voraussichtliche eine Rolle spielt. Dadurch erkennst du, wie viel im Moment für einen Euro Gewinn bezahlt wird und siehst ebenso, wie viel du vermutlich in Zukunft dafür bezahlen wirst. Steigt das KGV, sind in jedem Fall nicht zu unterschätzende Wachstumschancen vorhanden. Vergleiche außerdem verschiedene Unternehmen miteinander, um herauszufinden, wie es um die jeweiligen Chancen und Kosten bestellt ist.

Ein Beispiel wäre der Wert einiger DAX-Unternehmen: Während du bei Volkswagen, Daimler, Covestro und BMW sehr günstige KGVs von unter 10 findest, beträgt der Wert bei Unternehmen wie Allianz, Bayer und E.ON mehr als 10. Das KGV sollte sicherlich nicht als einziges Kriterium für die Einschätzung angesehen werden, das eine Rolle spielt, doch es handelt sich dabei um eine von vielen bedeutenden Kennzahlen für die Bewertung von Aktienunternehmen.

2. KBV – Kurs-Buchwert-Verhältnis

Bei den meisten Kennzahlen der Aktien sind neben dem KGV noch das KBV und das KUV aufgelistet. Daher wollen wir uns an dieser Stelle noch das KBV, das Kurs-Buchwert-Verhältnis, und die Aussagekraft dieser Kennzahl ansehen. Diese Kennzahl bezieht sich auf das Eigenkapital des Unternehmens: Ein KBV von 1 bedeutet, dass der aktuelle Börsenkurs genau das Eigenkapital im richtigen Werteverhältnis abbildet. Dies ist eher selten der Fall, da der Börsenkurs eines Unternehmens sicherlich nicht das Eigenkapital, also den Buchwert eines Unternehmens genau abbildet. Liegt die Kennzahl über 1, liegt eine Überbewertung vor. Bei einer Kennzahl unter 1 handelt es sich um eine Unterbewertung.

Errechnet wird diese Kennzahl, indem du die Marktkapitalisierung des Unternehmens durch das Eigenkapital teilst. Was sich hinter der Marktkapitalisierung verbirgt, erfährst du ebenfalls in diesem Kapitel. Ein hoher Wert bedeutet hier, dass ein Unternehmen überbewertet wird und der Einstieg in dieses daher eher teuer ist.

Niedrige Werte unter 1 zeigen nicht nur, dass eine Unterbewertung vorliegt, sondern auch, dass hier möglicherweise der Einstieg in ein lukratives Unternehmen möglich ist. Da die Kurse an der Börse aus vielen Gründen einbrechen können, ist es allerdings von Bedeutung, dass das KBV bei der Entscheidung für oder gegen eine Aktie nicht allein genutzt wird. Auch das schon erläuterte KGV sowie das KUV sollten unbedingt beachtet werden, um eine umfassende Bewertung des Unternehmens vornehmen zu können.

3. KUV – Kurs-Umsatz-Verhältnis

Das KUV, also das Kurs-Umsatz-Verhältnis, darf bei der Bewertung einer Aktie ebenso wenig fehlen und sollte in jedem Fall in deine Analyse einbezogen werden, um ein gutes Ergebnis zu erhalten. Hier wird der aktuelle

Kurs ins Verhältnis zum Umsatz des Unternehmens gesetzt, damit die Preiswürdigkeit näher betrachtet werden kann. Wichtig ist hierbei, dass es um den Umsatz und nicht um den Gewinn eines Unternehmens geht. Daher kommt diese Kennzahl bevorzugt bei Unternehmen zum Einsatz, die es noch nicht so lange gibt und bei denen eher der Umsatz betrachtet werden muss, da vielleicht nur geringe oder gar keine Gewinne aufgrund der bisher sehr hohen Investitionen erzielt werden. Bei großen Unternehmen mit hohen Investitionen macht der Blick auf diese Kennzahl ebenfalls Sinn.

Errechnet wird das Kurs-Umsatz-Verhältnis, indem die Marktkapitalisierung durch den geschätzten oder tatsächlichen Umsatz des Unternehmens geteilt wird. Hohe Werte sagen aus, dass ein Unternehmen eher teuer ist. Da hier aber die mögliche Profitabilität des Unternehmens zum aktuellen Zeitpunkt nicht berücksichtigt wird, sollte diese Zahl ebenfalls nur in Verbindung mit weiteren Kennzahlen zur Bewertung herangezogen werden. Sonst lassen sich leicht Fehleinschätzungen feststellen, die unnötig sind und vermieden werden können, indem du beispielsweise noch die Marktkapitalisierung, das KGV sowie das KUV und das KBV berücksichtigst.

4. Marktkapitalisierung

Die Marktkapitalisierung eines Unternehmens meint den Börsenwert, den das Unternehmen innehat. Errechnet wird diese wichtige Kennziffer, indem die Anzahl der Aktien eines Unternehmens mit dem aktuellen Aktienkurs multipliziert wird. Hierfür ist es entscheidend, die gesamte Anzahl der Aktien des Unternehmens zu kennen, die im Umlauf sind. Anders gesagt wäre der herauskommende Wert, also die Marktkapitalisierung, der Betrag, der für die Übernahme eines Unternehmens bezahlt wird. Ein niedriger Wert deutet auf kleinere Unternehmen hin, die auch eher Gefahr laufen, eine Insolvenz zu erleiden.

Nehmen wir einmal an, dass ein Unternehmen insgesamt 500 Aktien zu einem aktuellen Aktienkurs von 10 Euro im Umlauf hätte. Die Marktkapitalisierung würde dann passend dazu 5.000 Euro betragen, was einem niedrigen Wert entspricht. Zum Vergleich: Größere Unternehmen wie beispielsweise BASF weisen eine Marktkapitalisierung von 47,71 Milliarden Euro auf.

Die Marktkapitalisierung von Apple beträgt 1,98 Billionen US-Dollar, die der Allianz 68,41 Milliarden Euro und die von Facebook beträgt 745,49 Milliarden US-Dollar. Eine hohe Marktkapitalisierung spricht damit ohne Frage für ein stabileres Unternehmen und dafür, dass entsprechend mehr Aktien im Umlauf sind. Eine Insolvenz ist bei so hohen Werten erst einmal nicht so wahrscheinlich, selbst wenn diese natürlich nie ganz auszuschließen ist.

5. Dividendenrendite

Bereits angesprochen wurde die Dividendenrendite in den vorherigen Kapiteln: Dabei handelt es sich ebenfalls um eine entscheidende Kennzahl für die Auswahl von Dividendenaktien. Deshalb darf die Dividendenrendite an dieser Stelle keinesfalls fehlen, da sie für den Aktienkauf entscheidend ist. Die Dividendenrendite meint letztendlich nicht mehr und nicht weniger als den prozentualen Gewinn, den eine Aktie dem Aktionär durch ihre Dividende einbringt. Du könntest die Dividendenrendite ebenso als Verzinsung der Aktie ansehen. Nur geht es hierbei eben nicht um klassische Zinsen, sondern um die Auszahlung einer Dividende.

Diese Rendite errechnet sich ganz einfach, indem du die ausbezahlte (oder geplante) Dividende durch den Kurs der Aktie teilst. Multipliziere diesen Wert mit 100 und schon erhältst du die Dividendenrendite, die immer vorrangig vor dem tatsächlichen Betrag in Euro (oder einer anderen Währung) betrachtet werden sollte. Je nach Unternehmen sind hier, wie du im Kapitel über die Dividendenaktien bereits erfahren hast, Renditen von 3 bis sogar 6 Prozent keine Seltenheit. Stelle dir daher am besten vor, dass dein fest angelegtes Kapital jährlich mit dieser Prozentzahl verzinst wird.

Diese fünf Kennzahlen spielen eine große Rolle, wenn es um die Bewertung von Aktien geht. Betrachte außerdem vor einem Aktienkauf stets den Gewinn und auf keinen Fall nur den Umsatz des Unternehmens. Schließlich kann ein Unternehmen auch bei einem hohen Umsatz nicht profitabel sein, wenn die Ausgaben zu hoch sind und in absehbarer Zeit nicht sinken werden. Ein weiterer Fehler, der von vielen Einsteigern beim Aktienkauf begangen wird, ist der reine Blick auf den Aktienkurs. Hier wird angenommen, dass ein hoher Aktienkurs bedeuten muss, dass es sich um ein sehr profitables Unternehmen handelt und dass dieses mehr wert ist als eines, welches einen niedrigen Kurs aufweist. Dabei kann ein Unternehmen, dessen Aktie 100 Euro kostet, trotzdem weniger wert sein als eines, dessen Aktie nur 20 Euro kostet. Der Grund dafür ist unter anderem, dass es Unterschiede in der Anzahl der Aktien gibt, die im Umlauf sind. In so manchem Fall sind nämlich viele Aktien in der Hand der Unternehmensbesitzer oder Firmengründer.

Natürlich gibt es noch viele weitere Kennzahlen rund um Unternehmen, die eher aus dem Controlling bekannt sind und noch betrachtet werden könnten. Damit würde dieses Kapitel aber zu weit gehen und es reicht tatsächlich aus, sich die fünf genannten Kennzahlen anzusehen, die hier näher erläutert wurden. Da nicht für jedes Unternehmen alle Kennzahlen berechnet werden können, da vielleicht noch kein Gewinn vorhanden ist oder keine Dividende ausgezahlt wird, sollte man sich auf diejenigen Kennzahlen konzentrieren, die angegeben werden. Du brauchst in der heutigen Zeit nicht mehr mit einem Taschenrechner die Marktkapitalisierung oder einen anderen Wert zu berechnen. Vielmehr reicht es völlig aus, auf einer der Seiten im Internet alles nachzulesen, was es über die einzelnen Aktien zu finden gibt. Kennzahlen allein reichen natürlich noch nicht aus, da du dir ebenso die jeweilige Branche des Unternehmens ansehen und bei Trends ebenfalls entsprechend reagieren solltest. Doch diese Zahlen bieten dir eine sinnvolle Unterstützung, damit du dich besser entscheiden kannst und weißt, ob diese Investition Sinn macht.

ZEHN WICHTIGE TIPPS FÜR DIE INVESTITION IN AKTIEN

Gerade für Einsteiger ist es oft sehr schwierig zu entscheiden, in welche Aktien investiert werden sollte und in welche besser nicht. Grundsätzlich gilt, dass du immer verstehen solltest, dass du in ein Unternehmen und nicht nur in einen fiktiven Wert oder in eine Sammlung von Aktien vieler Unternehmen investierst. In diesem Kapitel findest du passend dazu zehn Tipps und Tricks, die von der Herangehensweise bis hin zu einigen guten Strategien für den Einstieg viele Möglichkeiten umfassen, um erst einmal mit den ersten Aktien zu beginnen. Mit der Zeit wird es immer leichter werden: Sobald du einmal begonnen hast, siehst du, dass die Investition in Aktien tatsächlich funktionieren kann.

1. Nicht auf Tipps setzen

Das Internet ist voll von heißen Tipps und Empfehlungen für Aktien, die angeblich unbedingt gekauft werden sollten – am besten sofort, weil die Chance auf eine hohe Rendite scheinbar gerade enorm hoch ist. Ich kann dir aber wirklich nicht empfehlen, auf solche Tipps zu setzen. Zum einen können diese falsch oder veraltet sein und zum anderen lernst du nichts über den Markt und über die Tätigkeit des Unternehmens an sich. Deshalb sollten solche Tipps ignoriert und nicht als Anlass für einen Aktienkauf genutzt werden. Es bietet sich jedoch manchmal an, sich die Tipps genauer anzusehen und bei den Unternehmen zu überprüfen, ob es sich in der Tat um eine gute oder um eine weniger gute Option handelt.

2. Das Unternehmen hinter der Aktie verstehen

Ich gebe zu, ich habe diesen Punkt in diesem Buch schon mehrfach erwähnt, aber da er so wichtig ist, werde ich das an dieser Stelle noch einmal tun. Durch den Aktienkauf nimmst du am Wachstum ebenso wie an den Verlusten eines Unternehmens teil. Bei einer guten Entwicklung wirst du durch das Wachstum Kursgewinne erzielen und vielleicht sogar Dividenden erhalten. Entwickelt sich das Unternehmen jedoch negativ und macht Verluste, wirst du das ebenfalls bei deiner Investition merken.

Deshalb ist es so entscheidend, stets das Unternehmen hinter einer Aktie zu verstehen und passend dazu genau zu überlegen, welche Möglichkeiten es in Bezug auf die Entwicklung oder das zukünftige Wachstum gibt. Studiere vor allem bei den ersten Aktienkäufen das dahinterstehende Unternehmen so gut wie möglich, betrachte die Ziele, die Philosophie sowie die ausschlaggebenden Zahlen des Unternehmens.

Das hilft dabei, eine gute Entscheidung zu treffen und sich für Unternehmen zu entscheiden, die wirklich großes Potenzial haben. Außerdem schadet es nicht, wenn du selbst hinter den Werten und Ideen des Unternehmens stehst und nicht in Unternehmen investierst, wenn du gar nicht von diesen überzeugt bist.

Ein Beispiel hierfür: Du begeisterst dich für eine nachhaltige Lebensweise und bist gegen den Konsum tierischer Produkte. In einem solchen Fall macht eine Investition in einen klassischen Konzern, der Fleisch produziert, nur wenig Sinn, da du vielleicht die Unternehmensaufgabe verstehst, jedoch nicht damit einverstanden bist. In einem solchen Fall solltest du wohl eher keine Tönnies-Aktien kaufen, sondern mehr auf Beyond-Meat-Aktien setzen. Hierbei handelt es sich lediglich um ein mögliches Beispiel, um dir zu verdeutlichen, dass auch persönliche Ansichten und Interessen ihren Platz bei der Auswahl von Aktien haben. Bist du mit der Grundidee eines Unternehmens einverstanden, wirst du sicherlich eher bereit sein, dich mit diesem und seinen Zielen auseinanderzusetzen.

Gleiches gilt in Bezug auf dein vorhandenes Wissen. Wer sich überhaupt nicht mit dem Bereich „Pharma“ auskennt, sollte vor einer Investition in entsprechende Aktien möglichst erst einmal sein Wissen auf diesem Feld ausbauen. Dadurch steigt zum einen die Sicherheit bei der Investition und zum anderen können Investitionen vermieden werden, die zu negativen Ergebnissen führen würden.

3. Nur vorhandenes Kapital investieren

Häufig lassen sich Einsteiger dazu hinreißen, einem interessanten Trend folgen oder in eine bestimmte Aktie investieren zu wollen, und nutzen dann Kapital, welches eigentlich gar nicht vorhanden ist, oder aber Geld, welches ihnen im Anschluss fehlt, was es nicht besser macht. In Aktien sollte nicht kurzfristig investiert werden und es kann jederzeit passieren, dass von dem vorhandenen Kapital etwas verloren geht, sobald die Kurse sinken. Sollte dir das investierte Geld im Anschluss fehlen, bereust du den Kauf vermutlich und wirst noch schneller nervös, sobald die Kurse sinken oder sich negative Nachrichten abzeichnen sollten. Überlege dir daher vor einer Investition jedes Mal, ob du das Geld in den nächsten Monaten wirklich nicht mehr brauchst oder ob es dir in drei Monaten aufgrund bestimmter Ereignisse fehlen wird. Sehr gut lassen sich zum Beispiel Sonderzahlungen oder Geldgeschenke investieren, mit denen man ohnehin so nicht gerechnet hatte. Oder du erstellst dir einen detaillierten Einnahmen-Ausgaben-Plan mit dem Fokus auf deinen Ausgaben. Dadurch ergibt sich bei vielen Menschen das Potenzial, jeden Monat Geld zum Sparen oder zum Investieren übrig zu haben.

Vielleicht hast du ja einige Ersparnisse, die du nicht unbedingt benötigst oder die für schlechte Zeiten gedacht waren? Wenn du beispielsweise 5.000 Euro auf einem Konto hast, könntest du für den Anfang vielleicht 2.000 Euro davon investieren, damit du dir langsam ein Vermögen aufbauen kannst. Dieses Geld wird dir vermutlich erst einmal nicht fehlen und es macht definitiv mehr Sinn, in Aktien zu investieren, als durch fehlende Zinsen und die vorhandene Inflation immer mehr Geld zu verlieren. Solltest du hingegen lediglich 1.000 Euro als Notfallreserve auf der Bank liegen haben, ist es nicht sinnvoll, diese Summe komplett zu investieren. Sonst kann es passieren, dass im nächsten Monat vielleicht dein Auto kaputt ist oder eine andere größere Ausgabe ansteht und du nicht mehr an deine Reserve kommst. Ein anderes Beispiel könnte sein, dass du deine monatlichen Ausgaben so optimiert hast, dass du 250 Euro zum Sparen oder für besondere Dinge übrig hast. Von diesem Geld könntest du monatlich zwischen 100 und 200 Euro anlegen, damit du nicht das Gefühl hast, dir gar nichts mehr leisten zu können. Natürlich sollte das Geld dann nicht um jeden Preis angelegt werden, sondern nur dann, wenn sich gerade gute Aktien zum Kauf anbieten.

Ich persönlich habe monatlich eine Summe von rund 100 Euro für mögliche Investitionen übrig und 200 Euro investiere ich jeden Monat direkt über Sparpläne in ETFs. Die 100 Euro lege ich auf ein Tagesgeldkonto, und sobald es sich ergibt, Aktien zu kaufen, die lukrativ wirken, nutze ich das vorhandene Geld dafür. Dadurch entsteht nie das Gefühl, plötzlich kein Geld mehr für andere Dinge zur Verfügung zu haben.

Wer mit dem Kauf von Aktien beginnen möchte, sollte daher zuerst einmal überlegen, wie viel Kapital realistisch betrachtet dafür vorhanden ist – unabhängig davon, ob es sich um größere jährliche, vierteljährliche oder um kleinere monatliche Summen handelt. Entscheidend ist nur, dass kein Geld investiert wird, das dir später fehlt oder das gar geliehen ist. Der erste Schritt vor der Geldanlage muss daher sein, dass du möglicherweise vorhandene Konsumschulden abbezahlst, damit sich die Investition wirklich lohnt. Wer zum Beispiel seine Kreditkarte um 1.000 Euro überzogen hat, muss auf diese Überziehung Zinsen bezahlen, die sich in der Regel im zweistelligen Bereich bewegen. Daher ist es besser, Überziehungszinsen zu vermeiden, Konsumschulden abzubauen und die eigenen Ausgaben so weit zu optimieren, dass du Geld für den Kauf von Aktien übrig hast.

4. Geduld bewahren – Verkäufe minimieren

Es gibt eine sehr schöne und wirklich passende Börsenweisheit, die ich dir nicht vorenthalten möchte: Hin und Her macht Taschen leer. Es geht darum, dass ein ständiges Hin und Her, also ständige Käufe und Verkäufe von Aktien, am Ende nur deine eigenen Gewinne reduzieren. Oder dafür sorgen, dass du sogar mit Verlusten aus deiner Investition hervorgehst. Oft hilft es, ruhig zu bleiben, Geduld zu bewahren und nicht sofort alle Aktien abzustoßen, nur weil sich gerade eine mögliche Krise abzeichnet. Vor allem unerfahrene Anleger neigen dazu, sofort die eigenen Aktien zu verkaufen, sobald Nachrichten zu hören sind, die gegen diese Anlage sprechen.

Gehen viele Aktionäre so vor, ist ein Börsencrash nicht mehr weit entfernt. Dabei ist es gar nicht sinnvoll, bei jeder kleinen negativen Nachricht die Aktien abzustoßen und zu hoffen, dass dadurch Verluste vermieden werden. Der gegenteilige Effekt ist sehr viel wahrscheinlicher und so kann es passieren, dass du durch eine solch überhastete Entscheidung die Verluste erzielen wirst, die eigentlich vermieden werden sollten. Bewahre also die Geduld, reduziere die Anzahl deiner Verkäufe und halte deine gekauften Aktien lieber über einen längeren Zeitraum hinweg. Dadurch ist die Wahrscheinlichkeit wesentlich größer, dass am Ende ein Gewinn auf dich wartet und du keinen Verlust befürchten musst.

5. Trends gezielt beobachten

Ein weiteres Sprichwort der Börse lautet „the trend is your friend", also „der Trend ist dein Freund". Daran ist in jedem Fall etwas dran, denn es macht Sinn, Trends gezielt zu beachten und auf diese zu setzen, wenn es sich lohnt. Gemeint sind hiermit Trends sowohl im Sinne von Neueinsteigern an der Börse, bei denen sich eine Investition lohnt, als auch von Unternehmen, die steigende Kurse über einen längeren Zeitraum hinweg aufweisen. Nicht selten lässt sich schon einige Zeit vor dem Höhepunkt des Kurses einer Aktie erkennen, dass diese sich auf einem guten Weg befindet. Hier gilt es, nicht nur die Kursverläufe, sondern auch Nachrichten und sonstige Branchentrends zu verfolgen.

Ein Beispiel ist der Börsengang des Unternehmens „Beyond Meat": Vegane Fleischersatzprodukte gehören seit einiger Zeit zum Trend und wecken immer mehr das Interesse der Menschen. Vor allem möglichst realistische Ersatzprodukte sind hier gefragt, sodass es kein Wunder ist, dass Beyond Meat mit seinen Fleischersatzprodukten einen Trend darstellt. Wer sich mit den entsprechenden Unternehmen beschäftigt, der erkennt solche Trends frühzeitig. Die am Eröffnungstag mit knapp über 60 US-Dollar schließende Aktie ist aktuell schon 150 US-Dollar wert. Und das gerade einmal ein Jahr und vier Monate nach dem Börsengang des Unternehmens! Das ist mit „Trends" an der Börse gemeint. Aktuell wäre noch das bereits oben genannte Unternehmen Zoom mit seiner App für Videoanrufe und -konferenzen ein gutes Beispiel für einen Trend: Durch die Corona-Krise und der damit verbundenen vermehrten Arbeit im Home-Office ist der Wert dieser Aktie ebenfalls extrem gestiegen. Ein weiterer Trend! Es gibt also immer wieder Trends – selbst zu Krisenzeiten – und es macht Sinn, diese ein wenig genauer zu beobachten. Auf diese Weise kannst du zum richtigen Zeitpunkt die Aktien kaufen, die wirklich lukrativ sind und mit großer Sicherheit für Gewinne sorgen werden.

6. Schwellenländern eine Chance geben

Schwellenländer können ebenso wie kleine Unternehmen eine sehr interessante Option für die Wertanlage darstellen. Allerdings werden meist vor allem die Industrieländer sowie große Unternehmen bevorzugt, wenn es um den Kauf von Wertpapieren geht. Dabei wird das teils sehr große Potenzial völlig ausgeblendet, das ein kleines Unternehmen genau wie ein Schwellenland in Bezug auf das eigene Wachstum noch haben kann. Ich möchte an dieser Stelle nicht verschweigen, dass das Risiko bei kleinen Unternehmen oder bei einem Schwellenland ein wenig größer ist, als es beispielsweise bei einem großen Unternehmen beziehungsweise einem Industrieland der Fall ist. Mittlerweile hat sich aber schon oft genug herausgestellt, dass die Chancen auf ein besonders hohes Wachstum bei ersteren keinesfalls zu verachten sind.

Zu den interessanten Schwellenländern gehören zum Beispiel China, Indien, Brasilien, Mexiko und Indonesien. Diese Länder gehören zu den wirtschaftlich aufstrebenden Optionen, beinhalten aber grundsätzlich ein höheres Risiko als Industrieländer, zum Beispiel aufgrund politischer Umbrüche. Kleine Unternehmen mit einer niedrigen Marktkapitalisierung findest du beispielsweise in Deutschland im SDAX. Solche Unternehmen bieten ein hohes Potenzial.

Es kann aber genauso gut passieren, dass ein Unternehmen aus dem SDAX irgendwann insolvent geht. Natürlich sollten auch bei diesen Unternehmen die Bedingungen und Entwicklungen stets beobachtet werden, damit du nicht im Anschluss mit einer Fehlinvestition zu kämpfen hast. Es kann sich also unter Umständen lohnen, sich ebenfalls mit solchen Unternehmen zu beschäftigen, die sonst eher außen vor gelassen werden.

7. Auf Wachstumsaktien setzen

Eine etwas riskantere Strategie ist es, auf Wachstumsaktien zu setzen und darauf zu hoffen, dass diese dann mit einer eher geringen Investition für die persönliche finanzielle Freiheit sorgen. Dennoch eignet sich eine solche Strategie ebenfalls für Einsteiger, die ein wenig Geld übrig haben und dieses so anlegen können, dass mögliche Verluste hingenommen werden können. Dieser Tipp meint letztendlich gar nichts anderes, als sich ruhig einmal zu trauen, in IPOs zu investieren und auf die beste Entwicklung zu hoffen. Trotzdem ist es unerlässlich, sich die Neueinsteiger genau anzusehen und nicht einfach nur irgendwelche Aktien zu kaufen, die eine Option darstellen, weil der Börsengang gerade durchgeführt wird.

In diesem Buch hast du bereits von einigen Aktien gelesen, die Aktionäre reich gemacht haben. Es geht manchmal darum, zum richtigen Zeitpunkt etwas zu wagen und ein wenig Geld investieren zu können, welches im Anschluss nicht schmerzlich vermisst wird. Apple, Google und Microsoft sind nur einige Unternehmen, bei denen es sich um Neueinsteiger gehandelt hat, die dann in Bezug auf den Wert ihrer Aktien ein extremes Wachstum an den Tag gelegt haben.

Manchmal werden solche Aktien ebenfalls als „10.000-Prozent-Aktien" bezeichnet. Es kann also passieren, dass du auf solche Titel triffst, die Wahrscheinlichkeit dafür ist aber sicherlich nicht so hoch – schon gar nicht als Einsteiger. Fast immer handelt es sich bei solchen Wachstumsaktien um Internetunternehmen, die eine besonders interessante Perspektive oder Geschäftsidee vorzuweisen haben und dann innerhalb von kurzer Zeit für extreme Renditen sorgen können.

8. Value Investing – Aktien unter Wert kaufen

Sehr beliebt ist die Vorgehensweise oder die Strategie des „Value Investing“, die vor allem von Warren Buffett genutzt wurde. Gerade Warren Buffett wird in Bezug auf Finanztipps allein schon aufgrund der Tatsache ernst genommen, dass es sich bei ihm um den drittreichsten Mann der Welt handelt. Die zentrale Überlegung bei dieser Strategie ist der Gedanke, dass man weniger für Aktien bezahlt, als sie tatsächlich wert sind. Das ist möglich, wenn in Unternehmen investiert wird, die noch starke Wachstumschancen aufweisen oder bei denen der Aktienkurs gerade aufgrund der allgemeinen Entwicklung unter dem Kurs liegt, der sonst vielleicht üblich wäre. Nicht umsonst sagte Warren Buffett Folgendes zu diesem Thema:

„Die Frage, wie man reich wird, ist leicht zu beantworten. Kaufe einen Dollar, aber bezahle nicht mehr als 50 Cent dafür.“

Warren Buffett achtet auf einfache Investitionen, nutzt keinen Computer und kauft Aktien von Unternehmen unter dem eigentlichen Wert. Wichtige Kennzahlen sind dafür ein niedriges Kurs-Gewinn-Verhältnis (KGV) sowie eine besonders hohe Dividendenrendite, um nur einige Beispiele zu nennen. Es ist nötig, die einzelnen Unternehmen möglichst genau zu verstehen, zu analysieren und dann Aktien von Unternehmen zu kaufen, die gerade in Bezug auf den Kurs nicht so hoch stehen, wie es der Fall sein könnte.

9. Dividendenstrategie nutzen

Zuvor hast du bereits mehr über Dividendenaktien erfahren und weißt jetzt, dass die jährlich (oder quartalsweise) ausgeschütteten Dividenden dir zusätzliche Gewinne bringen können. Eine selbst für Anfänger ausgezeichnete Strategie ist daher die sogenannte Dividendenstrategie, die tatsächlich sehr leicht durchführbar ist. Der Vorteil davon ist, dass durch die Dividenden ein passives Einkommen erzielt wird, welches sich bei einer größeren Menge von Aktien im Depot ohne Frage summieren wird. Wir können an dieser Stelle beispielsweise Aktien der Unternehmen kaufen, die im DivDAX mit den höchsten Dividenden gelistet werden.

Mehr über die einzelnen Dividendenstrategien und die genaue Vorgehensweise hast du ebenfalls im Kapitel über die Dividendenaktien erfahren – fest steht in jedem Fall, dass du mit einer solchen Strategie nur wenig falsch machen kannst. Zwar handelt es sich dann eventuell nicht um diejenigen Aktien, bei denen die Kurse überdurchschnittlich stark wachsen werden. Der Vorteil besteht aber darin, dass du dir regelmäßig Dividenden einstreichen kannst. Es geht dann eigentlich nur noch darum, ausreichend Aktien von den richtigen Unternehmen im Depot zu haben, um wirklich ansprechende Dividenden erhalten zu können.

10. Ein gemischtes Depot aufbauen

Natürlich beginnen Einsteiger erst einmal mit einem Titel, vielleicht auch mit zwei, in ihrem Depot. Doch mit der Zeit kommen sicherlich noch einige Aktien, eventuell auch Anteile von Aktienfonds oder ETFs, mit dazu. Das macht Sinn, denn ein gemischtes Depot minimiert das Risiko von Kursverlusten, da aller Wahrscheinlichkeit nach nur einzelne Titel an Wert verlieren werden, nicht aber dein gesamtes Depot – dies wäre höchstens bei einem Börsencrash der Fall. Doch ein Börsencrash führt im Anschluss vermutlich wieder zu steigenden Kursen, wie es in der Vergangenheit oft genug der Fall war. Deshalb solltest du weniger wegen eines möglichen Börsencrashs, sondern vielmehr wegen der hohen Wahrscheinlichkeit, dass sich deine Wertpapiere unterschiedlich entwickeln, auf ein gemischtes Depot setzen. Auf diese Weise profitierst du vom Wachstum verschiedener Branchen und Unternehmen und kannst dein Vermögen so vergrößern.

Nehmen wir einmal an, dass du schon recht viel investiert hast und rund 500 Aktien verschiedener Unternehmen in deinem Depot besitzt. Sagen wir der Einfachheit halber, dass du je 50 Aktien von 10 Unternehmen hast. Einige davon werden sich stark entwickeln und überzeugen durch hohe Kursgewinne. Andere werfen vielleicht Dividenden ab.

Und wiederum andere schwächeln, sinken eventuell sogar in ihrem Wert und stellen keine wirklich gute Option in diesem Moment dar – trotzdem wartest du und schaust, ob sich diese Unternehmen vielleicht doch noch erholen. Im Durchschnitt entwickelt sich ein so vielseitiges Depot aber sehr gut und du wirst mit Sicherheit eine interessante Rendite zu verzeichnen haben.

Würdest du hingegen lediglich zwei Titel in deinem Depot haben, besteht natürlich die Möglichkeit, dass sich beide negativ entwickeln oder dass sich eine Aktie gut und die andere schlecht entwickelt, wodurch trotzdem unter dem Strich ein Gewinn ausbleibt. Daher macht es Sinn, nicht stets die gleichen Aktien nachzukaufen, sondern hier auf Vielfalt zu setzen.

SCHLUSSWORT ZU EINZELAKTIEN UND IPOS

Im ersten Moment schrecken vor allem Einsteiger vor der Investition in Aktien zurück. Gründe dafür sind oftmals fehlendes Wissen oder das Gefühl eines sehr hohen Risikos, welches besser nicht eingegangen werden sollte. Viele Vorurteile kommen noch mit dazu, die besagen, dass Aktien nur für reiche Menschen oder für Profis geeignet sind, die im Idealfall noch als Börsenmakler arbeiten. Dabei wird oft vergessen, dass Profis ebenfalls einmal klein angefangen haben und sich das nötige Wissen erst aneignen mussten, um überhaupt erfolgreiche Käufe tätigen zu können. Das bedeutet folglich, dass jeder Einzelne in Aktien investieren kann – allein der Wille zum Lernen muss vorhanden sein!

In diesem Teil des Buches hast du erfahren, dass Aktien nicht gleich Aktien sind und es hier durchaus große Unterschiede zwischen den einzelnen Aktienarten sowie zwischen den jeweiligen Branchen und Herkunftsländern gibt. Dividendenaktien, Einzelaktien mit Wachstumspotenzial oder doch lieber die Aktien der Neueinsteiger an der Börse – hier hast du die Qual der Wahl! Es kommt vor allem darauf an, das Unternehmen zu verstehen, das hinter den Aktien steht, damit eine gute Entscheidung getroffen wird. Es gibt Aktien für jeden Anspruch und für jedes Budget, sodass du nicht unbedingt gleich 500 oder gar 1.000 Euro auf einmal in Aktien investieren musst. Selbst kleinere Beträge summieren sich mit der Zeit und helfen dabei, sich ein umfangreiches Depot aufzubauen, welches sich sehen lassen kann.

Beginne damit, dir erste Aktien zu kaufen und traue dich mit der Zeit ebenso, die Aktien von Neueinsteigern oder von Unternehmen aus Schwellenländern zu kaufen, da hier ein besonders großes Potenzial besteht. Renditen können ohne Frage mit einer guten Strategie und mit den richtigen Aktien erzielt werden. Selbst wenn du es nicht schaffst, den einen Glücksgriff mit Aktien zu machen, der dich reich macht, kannst du dir doch definitiv ein kleines Vermögen aufbauen.

Eine solche Rücklage zu besitzen und vom wirtschaftlichen Wachstum einzelner Unternehmen zu profitieren, ist schließlich ebenfalls mit finanzieller Freiheit gleichzusetzen. Und mal ganz ehrlich: Der Nervenkitzel, ob die eigene Investition Sinn macht und sich auszahlen wird, ist doch auch etwas Besonderes. Das gefällt natürlich nicht jedem, doch sicherlich gibt es hier genug angehende Aktionäre, die sich dafür begeistern können.

Damit wünsche ich dir erst einmal viel Erfolg mit deinen ersten Käufen von Einzelaktien und viel Spaß beim Aufbau deines persönlichen Vermögens!

DAYTRADING: SINNVOLL ODER NICHT?

Hohe Gewinne innerhalb von Minuten oder gar Sekunden – oder ein vollständiger Verlust aller Ersparnisse. Daytrading ist tatsächlich stark umstritten, da es sehr oft um alles oder nichts geht und kaum abzusehen ist, ob die eingesetzten Summen am Ende wirklich zu einem Gewinn führen. Manche Daytrader gewinnen sehr viel mit dem kurzfristigen Handel an der Börse und freuen sich über ein ansehnliches Einkommen ohne zu viel Aufwand. Andere hingegen verlieren nicht nur ihre Ersparnisse, sondern machen sogar noch Schulden. Was ist denn nun richtig und warum solltest du dem Daytrading eventuell doch eine Chance geben?

Fakt ist, dass der kurzfristige Handel mit Wertpapieren, der hinter dem Daytrading steckt, ebenso Chancen wie auch Risiken birgt. Es ist beim richtigen Trade und einem entsprechenden Einsatzkapital sehr gut möglich, innerhalb von wenigen Minuten oder Stunden hunderte von Euros als Gewinn zu verbuchen. Natürlich wird nicht jeder abgeschlossene Handel gewonnen – der korrekte Umgang mit Risiken und mit Verlusten sowie das Einhalten bestimmter Strategien helfen dir aber in jedem Fall weiter. Denn beim Daytrading sind Gewinne genauso wie Verluste ganz normal. Es geht vor allem darum, am Ende ein bestimmtes Verhältnis von beidem zu haben – mit Gewinnen, die immer deutlich über den Verlusten liegen.

Es handelt sich bei diesem Buch um den dritten Teil meiner Reihe rund um das Thema „Finanzen", „Investitionen" und „Vermögensaufbau". Nach einem Blick auf ETFs und Aktienfonds im ersten und auf die Aktien einzelner Unternehmen im zweiten Teil, schließe ich mit diesem Band über das Thema „Daytrading" die Reihe ab. Es handelt sich beim Daytrading um die riskanteste Form des möglichen Handels an der Börse. Allerdings sind hier dafür erhebliche Einnahmen möglich und du kannst es schaffen, dir immer wieder etwas dazuzuverdienen. Zum Leben kann der Verdienst bei der entsprechenden Erfahrung und einer klugen Vorgehensweise ebenfalls reichen.

In diesem Teil des Buches erfährst du auf kompakte Weise, was sich hinter dem Daytrading verbirgt, worauf es dabei ankommt und womit überhaupt gehandelt wird. Klassische Wertpapiere wie Aktien oder ETFs spielen hier eine eher untergeordnete Rolle, sodass es für Einsteiger in die Welt des Daytradens viel zu entdecken und zu lernen gibt. Erfahre, mit welchen Strategien du Gewinne erzielen kannst, was sich hinter Devisen, Hebeln und Futures verbirgt und wie du starten kannst. Natürlich darf ein Blick auf die klassischen Fehler vieler Einsteiger nicht fehlen, da beim Daytraden tatsächlich einiges falsch gemacht werden kann.

Baue dir langfristig ein Nebeneinkommen auf, lerne mehr über die Börse und die Märkte und starte schon bald mit deinen ersten Trades!

WAS IST DAYTRADING?

Beim Daytrading handelt es sich um den kurzfristigen Handel mit Produkten an der Börse, damit von Schwankungen innerhalb von wenigen Minuten oder gar Sekunden profitiert wird. Direkt übersetzt ist mit dem Daytrading der „Tageshandel" gemeint, es handelt sich also um den kurzfristigsten Handel, der umgesetzt wird. Beim klassischen Traden ist nicht unbedingt ein Kauf und Verkauf innerhalb so kurzer Zeitspannen angedacht, sodass das Daytrading eine spezielle Unterform des Tradens darstellt.

Beim Daytrading ist es wichtig zu verstehen, dass der exakte Zeitpunkt des Kaufs genauso wichtig ist wie der Zeitpunkt des Verkaufs. Hast du dir schon einmal die Charts, also die Kursverläufe, der Börse innerhalb eines Tages angesehen oder gar innerhalb einer Stunde? Es ist nämlich nicht der Fall, dass mit einem Kurs der Tag eröffnet und später der Tag geschlossen wird und es hierbei gar keine Zwischenstufen gibt. Ganz im Gegenteil: Es gibt viele Tageshochs und Tagestiefs, die bei einem Kurs zu beobachten sind. Genau von diesen starken Schwankungen profitieren Daytrader und an diesen verdienen sie auch. Das gilt nicht nur für Aktien oder für Rohstoffe, sondern auch für Währungen, mit denen viele Daytrader besonders intensiv handeln. Über die genauen Produkte, die beim Daytrading in Frage kommen, erfährst du im nächsten Kapitel noch mehr, um einen besseren Überblick zu erhalten.

Schauen wir uns einmal das beliebte Währungspaar Euro / US-Dollar an, welches tatsächlich zu den Klassikern bei den Daytradern gehört. An einem beliebig ausgesuchten Tag lag der Eröffnungskurs von 1 Euro zu 1 US-Dollar bei 1,1770 und der Schlusskurs bei genau dem gleichen Wert. Das Tageshoch war an diesem Tag 1,1772 und das Tagestief lag bei 1,1766. Im ersten Moment klingen solche Schwankungen vielleicht noch nicht nach viel, doch bei einer Investition im richtigen Augenblick sind hier durchaus ansprechende Gewinne möglich. Jedoch natürlich nicht, wenn nur 1 oder

10 Euro für den Kauf genutzt werden. Ein wenig höher muss der Einstiegsbetrag daher schon ausfallen, um hier wirklich einen Gewinn zu erzielen, der sich sehen lassen kann.

Noch mehr zu der Höhe der eingesetzten Beträge ebenso wie zur genauen Vorgehensweise beim Traden erfährst du in den kommenden Kapiteln. An dieser Stelle geht es vor allem um das Grundprinzip, welches beim Traden gilt. Die Kursschwankungen, die über den Tag hinweg immer bestehen, werden von einem Daytrader genutzt und zu Geld gemacht.

Es geht hierbei letztendlich nicht darum, ob die Kurse langfristig steigen oder nicht. Schließlich werden die Wertpapiere zur Vermeidung von weiteren Kosten innerhalb eines Tages gekauft und wieder verkauft. Wird die Zeitspanne von 24 Stunden überschritten, handelt es sich um klassisches Traden, jedoch nicht mehr um das Daytrading. Der Tageshandel innerhalb von 24 Stunden ist daher bei dieser Handelsform wörtlich zu nehmen.

Ein Daytrader handelt daher kurzfristig mit den Produkten an der Börse und profitiert stets von den Kursschwankungen innerhalb eines Tages – so weit, so gut. Doch zusätzlich profitieren Daytrader noch von den Entwicklungen internationaler Börsen, da es hier keinerlei Beschränkungen in Bezug auf den Ort oder die Zeitzone gibt. Du kannst dich auf Deutschland beschränken und an den Börsen in Frankfurt oder in Stuttgart handeln, musst es aber nicht unbedingt so machen.

Schließlich können sich Börsen in New York, in London oder im asiatischen Großraum ebenfalls für dich anbieten, um entsprechende Geschäfte zu tätigen. Nicht immer ist die Entwicklung der gehandelten Produkte in allen Ländern gleich. Es ist sogar gut, dass die einzelnen Länder sich unterschiedlich entwickeln, da erst auf diese Weise wirklich viele Möglichkeiten beim Kaufen und Verkaufen der Produkte entstehen.

Entscheidend ist beim Daytrading, dass es immer um das Gesetz von Angebot und Nachfrage geht. Beides gemeinsam bestimmt den Preis und damit ebenfalls die Entwicklungen der Kurse, die über einen Tag hinweg angezeigt werden. Wenn die Nachfrage in London oder New York höher als beispielsweise in Frankfurt ausfällt, dann wirkt sich das positiv auf den Preis aus. Dadurch lassen sich Gewinne erzielen, die nur durch den internationalen Kauf und Verkauf überhaupt möglich sind. In Bezug auf die unterschiedlichen Zeitzonen ergeben sich noch weitere Möglichkeiten, die nicht zu unterschätzen sind. Im späteren Verlauf des Buches werde ich dir dazu einige Praxisbeispiele zeigen, die dir genauer erklären, warum du ebenfalls von den Zeitzonen profitieren kannst. Auf diese Weise arbeitest du mit der Nachfrage an den einzelnen Börsen und Märkten, die über den Tag hinweg schwanken. So kann es passieren, dass die Nachfrage nachmittags, kurz vor Börsenschluss, größer ausfällt, als es in den Mittagsstunden der Fall ist. Auch damit kannst du arbeiten, da du innerhalb eines Tages als Daytrader alle Möglichkeiten ausschöpfst, die sich an den Börsen weltweit ergeben. Das macht schließlich erst den Reiz aus, der sich einstellt, sobald man einmal ins Daytraden eingestiegen ist und die Techniken beim Daytrading erfolgreich anzuwenden weiß.

Wichtig wäre bei der Erklärung des Begriffs „Daytrading" aber noch die Abgrenzung zum klassischen Handel mit Wertpapieren an der Börse. Der Unterschied besteht hier in dem gewählten Zeitraum des Handelns ebenso wie im Vorgehen und in den für den Handel verwendeten Produkten und Wertpapieren. Bei den langfristigen Investitionen sind vor allem ETFs, Aktienfonds und natürlich auch Einzelaktien von Interesse. Dabei gehen die Anleger jedoch von Kurssteigerungen der Wertpapiere über Jahre hinweg aus, sodass sich kurzfristige Schwankungen oder Krisen normalerweise gut ausgleichen lassen. Das Ziel ist dann der langfristige Aufbau eines Vermögens. Was innerhalb eines Tages passiert, interessiert einen dann nur wenig und muss nicht weiter beachtet werden. Höchstens das Wissen, zu welcher Tageszeit und vielleicht noch an welchem Wochentag im Idealfall Wertpapiere gekauft werden sollten, kann hierbei sehr hilfreich sein. Darüber hinaus ist der Blick auf Monate und noch längere Zeitspannen gerichtet. Wer beispielsweise in einen ETF einzahlt oder Dividendenaktien kauft, macht das teilweise mit dem Gedanken, diese über Jahrzehnte hinweg zu halten. Schließlich ist ein ETF eine interessante Option für die Altersvorsorge und bietet nach 20 oder 30 besonders interessante Möglichkeiten.

Ganz anders ist es beim Daytrading, da die Ziele und die Einstellung zu dem investierten Geld hier ganz anders aussehen als bei den langfristigen Investitionen. Denn das Geld wird mit dem Gedanken investiert, sich kurzfristig etwas dazuzuverdienen. Die Schwankungen eines Tages sind bei den Kursen maßgebend, langfristige Entwicklungen hingegen sind hier weniger interessant.

Außerdem möchten Daytrader sich in der Regel kein Vermögen über Jahre hinweg aufbauen, bei dem Zinsen und Zinseszinsen zum Tragen kommen. Vielmehr geht es um einen Nebenverdienst, der im besten Fall zum Leben völlig ausreicht oder der ein zusätzliches Einkommen darstellt, wodurch einige Wünsche erfüllt werden können. Außerdem liegt der Fokus eher auf Währungen, Rohstoffen und Tauschprodukten an der Börse, die recht komplex ausfallen können. Es handelt sich daher nicht um eine langfristig angedachte Investition, sondern um den kurzfristigen Kauf der Wertpapiere mit dem Ziel, diese direkt wieder zu verkaufen. Ein Depot mit einem Vermögen wird auf diese Weise also nicht aufgebaut. Das wäre schon einmal der größte Unterschied, der beim kurz- und langfristigen Handel an der Börse zu beachten ist.

Oft stellen sich Einsteiger die Frage, warum denn das Daytrading überhaupt interessant ist, wenn die Risiken doch so hoch sind. Natürlich schaffen es einige Daytrader, große Gewinne zu erzielen, die Regel ist es jedoch nicht unbedingt. Es gibt aber verschiedene Vorteile des Daytradings, die ich dir an dieser Stelle noch kurz vorstellen möchte:

- Ortsunabhängig und jederzeit möglich

Die Möglichkeit des ortsunabhängigen Arbeitens ist sicherlich mit einer der großen Vorteile des Daytradings. Schließlich kannst du zu jeder Zeit und auf der ganzen Welt traden.

Falls du dich dabei ausreichend konzentrieren kannst, spricht auch nichts gegen die tägliche Tradingzeit am Strand. Wenn alles gut funktioniert, du dich entsprechend einarbeitest und deine Strategie verfolgst, reicht das Traden vielleicht schon bald zum Leben aus.

Vor allem dann, wenn du in einem Land mit niedrigem Lohnniveau lebst, in dem die Lebenshaltungskosten insgesamt deutlich geringer ausfallen als beispielsweise in den Industrieländern.

- Hohe Verdienstchancen

Schon mehrfach wurde es erwähnt, doch die möglichen hohen Verdienstchancen sollten an dieser Stelle noch einmal kurz aufgeführt werden. Du kannst mit dem Daytrading natürlich viel verlieren, doch auch in kurzer Zeit mehr verdienen, als es bei jeder anderen Arbeit möglich wäre.

- Mögliche Steuerersparnisse bei den Gewinnen

Sicherlich sind die Steuerersparnisse ein Vorteil des Tradens, den du vielleicht noch gar nicht bedacht hast. Gemeint ist nicht, dass du auf die Gewinne aus dem Daytraden keine Gewinne zahlen musst. Denn diese fallen sehr wohl an. Doch in einem direkten Vergleich zur klassischen Einkommenssteuer kannst du beim Daytrading in jedem Fall Steuern sparen.

Schließlich liegt der Spitzensteuersatz in Deutschland derzeit bei 42 Prozent, wodurch hoch bezahlte Jobs sich letztendlich nicht mehr so sehr lohnen. Bei einem Verdienst durch Wertpapiere, das heißt durch Investitionen an der Börse, musst du stets nur 25 Prozent Steuern zahlen. Hinzu kommen noch der Solidaritätszuschlag in Höhe von 5,5 Prozent sowie eventuell auch die Kirchensteuer, falls du diese zahlen musst. Dadurch bezahlst du selbst bei sehr hohen Gewinnen weniger Steuern, da es bei der Steuer für Gewinne aus Wertpapieren keine Staffelung beim Einkommen gibt. Zudem gibt es Freibeträge, die auf jeden Fall ausgenutzt werden sollten. Natürlich lohnt sich dieser direkte Vergleich nur dann, wenn du entsprechend viel verdienst und nicht für den Mindestlohn arbeitest.

Wenn du also beim Daytrading wirklich hohe Gewinne erzielst, dann wirst du von deinem Geld mehr haben und kannst dich über diese höheren Einnahmen nach Steuerabzug freuen.

- Einstieg mit niedrigem ebenso wie mit hohem Kapital möglich

Es gibt Märkte, bei denen ein Einstieg mit 100 oder 200 Euro nur wenig Sinn macht. Dazu gehört sicherlich der Aktienmarkt. Doch es gibt ebenso andere Optionen wie den Forex-Markt, der einen Einstieg bereits mit 100 Euro ermöglicht. Hier macht der Einstieg mit einem geringeren Startkapital trotzdem Sinn und kann hohe Gewinne nach sich ziehen. Das bedeutet also, dass ein Einstieg in das Daytrading tatsächlich mit jeder Kapitalhöhe möglich ist.

So komplex und riskant die Tätigkeit eines Daytraders auch sein mag, so viele Vorteile bietet der Tageshandel gleichzeitig. Diese Vorteile sollten daher nicht immer unterschätzt werden, da es schließlich gute Gründe geben muss, warum jemand mit der Form des Tageshandels an der Börse beginnt.

Im nächsten Kapitel erfährst du, welche Produkte ein Daytrader an der Börse handeln kann. Überraschend ist hier im ersten Moment oft die Vielfalt, da von Rohstoffen wie Gold oder Getreide über klassische Aktien bis hin zu Währungen oder Kryptowährungen alles möglich ist. Jeder Daytrader hat somit zugleich die Chance, sich in einigen oder in einem Markt zu spezialisieren und sich hier ein umfangreiches Wissen aufzubauen.

Vielleicht gibt es ja einen Bereich, der dich besonders interessiert und in den du dich gern noch weiter einarbeiten würdest? Hier ist es erst einmal interessant zu erfahren, welche Möglichkeiten du hast. Die Vielfalt ist tatsächlich beeindruckend und bei persönlichem Interesse für einen bestimmten Markt oder für bestimmte Produkte lohnt es sich, hier etwas Zeit für die Recherche zu investieren.

WOMIT HANDELT EIN DAYTRADER?

Es gibt so viele verschiedene Wertpapiere, Währungen und Rohstoffe, dass es einem oft zunächst einmal schwerfällt, den Überblick zu behalten. Hinzu kommt noch, dass beim Daytrading auch Kryptowährungen und diverse Tauschprodukte, Anleihen und viele andere Produkte mit zum Einsatz kommen.

Außerdem besteht ja die Möglichkeit, an verschiedenen Märkten zu investieren und sich dabei verschiedene Produkte auszusuchen, mit denen gehandelt wird. Bevor ich dir die einzelnen Produkte und Märkte vorstelle, möchte ich dir noch empfehlen, dich gerade zum Beginn deiner Daytrading-Karriere auf einen Markt zu konzentrieren.

Jeder Markt ist anders und je mehr Erfahrung du sammeln kannst, desto besser werden auch deine Ergebnisse ausfallen.

Wechsle daher im besten Fall nicht die ganze Zeit zwischen den einzelnen Märkten. Dadurch bekommst du eine echte Chance, die Produkte und Märkte sehr gut kennenzulernen. Das hilft dir dann dabei, ganz gezielte Trades zu tätigen.

Doch jetzt wollen wir uns erst einmal die einzelnen Produkte und Märkte ansehen, mit denen ein Daytrader im Allgemeinen zu tun hat:

Der Forex-Markt – Handel mit Währungen

Egal, ob wir vom Forex-Markt, von Devisen oder Währungen sprechen, gemeint ist hier immer das Gleiche. Der kurzfristige Handel mit Währungen ist bei Daytradern enorm beliebt und es ist sicherlich nicht zu hoch gegriffen zu behaupten, dass die meisten Daytrader sich auf diesen Markt spezialisiert haben.

Der Markt ist relativ einfach verständlich, eignet sich für Einsteiger und bietet Möglichkeiten für jedes Budget. Ganz wichtig ist beim Forex-Markt noch die Tatsache, dass es sich um einen enorm liquiden Markt handelt. Das bedeutet, dass Angebot und Nachfrage hoch sind und es möglich ist, die Produkte jederzeit zu kaufen und zu verkaufen.

Außerdem besteht die Möglichkeit, weltweit zu handeln. Feste Börsenzeiten sind beim Forex-Markt nicht weiter von Bedeutung, wodurch die Zeiten für das Handeln besonders flexibel sind.

Gehandelt werden Währungspaare, wobei das Paar Euro und US-Dollar besonders beliebt ist. Es gibt noch weitere Währungspaare, da du natürlich ebenso mit dem Yen, mit dem britischen Pfund oder mit Schweizer Franken handeln kannst, um nur einige Optionen zu nennen. Auf dem Forex-Markt kannst du mit den Währungspaaren handeln, die du besonders gut kennst und am besten verstehst.

Der Forex-Markt in Kurzform:

- Handel mit Währungen
- Besonders beliebt bei Daytradern, da einfach verständlich
- Der Handel ist immer, sogar außerhalb der Börsenzeiten, möglich
- Das beliebteste Währungspaar für den Handel ist der Euro und US-Dollar
- Einstieg sogar mit kleinerem Budget ab einem Betrag von etwa 100 Euro möglich

Der Aktienmarkt – Aktien, ETFs und vieles mehr

Sehr umfangreich und ebenfalls beliebt bei Daytradern ist der Aktienmarkt, der sich nicht nur für langfristige Geldanlagen anbietet. Der Aktienmarkt ist so vielseitig, dass es leichter ist, sich auf Teilbereiche zu spezialisieren, um nicht den Überblick zu verlieren.

Du kannst hier mit Rohstoffen, Aktien oder ETFs genau wie mit Futures handeln, über die du gleich noch mehr erfährst. Der Einstieg ist mit einem hohen ebenso wie mit einem niedrigeren Startkapital möglich.

Allerdings handelt es sich hierbei zugleich um den mit Abstand kompliziertesten Markt für Daytrader. Hohe Gewinne sind ohne Zweifel möglich, erfordern aber das entsprechende Wissen, Erfahrung und das Verfolgen der aktuellen Nachrichten.

Gerade beim gewünschten Einstieg in den Aktienmarkt solltest du bezüglich der aktuellen Entwicklung stets auf dem neuesten Stand sein und möglichst erst mit einem sogenannten Demokonto üben. Dadurch reduziert sich die Gefahr, dass du mit hohen Verlusten rechnen musst. Mit entsprechender Einarbeitung und dem nötigen Wissen in den einzelnen Bereichen ist es aber wirklich abwechslungsreich und spannend, am Aktienmarkt zu handeln.

Der Aktienmarkt in Kurzform:

- Komplexer Markt: Hier werden Aktien, Rohstoffe, ETFs oder Futures gehandelt
- Nicht für absolute Einsteiger zu empfehlen
- Ein höheres Startkapital ist in der Regel beim Einstieg erforderlich
- Sehr abwechslungsreicher Markt mit hohen Gewinnchancen für Kenner
- Solides Wissen rund um Märkte, das Tagesgeschehen und zu den einzelnen Produkten ist besonders wichtig
- Der Handel erfolgt innerhalb fester Tageszeiten (Börsenzeiten)

Kryptowährungen – der Handel mit Bitcoins und Co.

Erst in den letzten Jahren hat sich immer mehr herauskristallisiert, dass sich auch Kryptowährungen für Daytrader eignen. Starke Kursschwankungen im Laufe eines Tages und eine hohe Nachfrage sorgen dafür, dass hier interessante Gewinne möglich werden. Gehandelt wird vor allem mit dem Bitcoin sowie mit Ethereum. Doch selbst weniger bekannte Kryptowährungen rücken immer mehr in den Fokus und können ebenfalls ein Gewinnpotenzial mit sich bringen. Bei den Kryptowährungen sollten Daytrader sich mit der jeweiligen Währung, ihrem Potenzial sowie mit Angebot und Nachfrage auskennen.

Sonst kann es schnell passieren, dass Verluste gemacht werden – hier lohnt es sich also, sich einzuarbeiten und sich das entsprechende Wissen anzueignen.

Aktuelle Nachrichten sollten ebenfalls verfolgt werden, um zu jeder Zeit auf dem aktuellen Stand zu sein und keine wichtigen Ereignisse zu verpassen. Gehandelt wird mit dem eigenen Kapital, doch auch der Einsatz von Hebelprodukten in allen Varianten ist hier sehr beliebt. Durch Hebel, also durch kurzfristige Kredite von Seiten des Brokers, können hier größere Summen für den Kauf eingesetzt werden.

Ein Handel mit Kryptowährungen ist mit jedem Budget möglich, doch es ist empfehlenswert, mit höheren Beträgen einzusteigen. Andernfalls fällt der Gewinn einfach nicht so hoch aus, da sich der Kurs der Kryptowährungen schließlich schon auf einem sehr hohen Niveau bewegt.

Kryptowährungen in Kurzform:

- Handel mit Kryptowährungen, vor allem Bitcoin und Ethereum
- Einstieg mit jedem Budget möglich
- Wird immer beliebter bei Daytradern
- Handel ist zeitlich sehr flexibel möglich
- Grundkenntnisse rund um Kryptowährungen sollten Voraussetzung sein

Wir unterscheiden erst einmal grundsätzlich in die drei genannten Märkte, um einen besseren Überblick zu erhalten. Für das Daytrading sind einige Faktoren beim Handeln grundlegend, auf die ich kurz eingehen möchte, bevor die einzelnen Produkte genauer vorgestellt werden. Der wichtigste Aspekt für erfolgreiches Traden ist, dass es sich um einen liquiden Markt handelt.

Die hohe Liquidität meint, dass ein Kauf und Verkauf durch die entsprechende Nachfrage sowie durch das vorhandene Angebot jederzeit möglich sind. An einem Markt ohne ausreichende Nachfrage wirst du nicht kurzfristig einen Verkauf tätigen können. Aus diesem Grund sind sowohl der Forex-Markt als auch der Markt der Kryptowährungen enorm beliebt, da diese sich durch ihre hohe Liquidität auszeichnen.

Der Aktienmarkt ist ebenfalls liquide, jedoch nicht unbedingt in dem gleichen Ausmaß, wie es bei Währungen der Fall ist. Angebot, Nachfrage und eine hohe Liquidität, das sind die entscheidenden Punkte, wenn es um einen für das Daytrading geeigneten Markt geht. Die Kurse müssen außerdem im Tagesverlauf deutlich schwanken, damit sich das Daytrading lohnt.

Es gibt übrigens einen weiteren Grund dafür, warum der Handel innerhalb eines Tages so interessant und begehrt ist. Dieser Grund sind die SWAP-Kosten, die anfallen, wenn ein Produkt länger gehalten wird.

Das sind Kosten, die immer dann anfallen, wenn ein Produkt über Nacht gehalten wird. Tatsächlich handelt es sich um recht geringe Kosten, die teilweise nur einige Cents pro Tag betragen.

Natürlich können sich diese trotzdem stark summieren, wenn eine Aktie oder ein anderes Produkt über Tage oder gar Monate gehalten wird. Ein Daytrader profitiert durch den extrem kurzfristigen Handel daher immer davon, dass die Kosten beim Daytraden geringer ausfallen als bei einem längeren Halten der einzelnen Produkte im Depot.

Bei einem Swap handelt es sich kurz gesagt um ein Tauschgeschäft mit dem Broker, für das Gebühren bezahlt werden müssen. Je geringer die Gebühren beim Handeln sind, desto größer fällt auch der Gewinn aus. Hier können einige Cents bei vielen Trades am Tag oder in der Woche natürlich schon einen Unterschied ausmachen.

Welche Produkte gibt es denn nun, wenn es um das Daytrading geht? Du kannst Aktien, Anteile von ETFs, Rohstoffe oder auch Anteile von (Krypto-)Währungen kaufen. Oder du entscheidest dich für Futures, Hebelprodukte und die vielen weiteren Optionen. Im Anschluss findest du noch die bedeutendsten Optionen mit einer entsprechenden Erklärung zum besseren

Verständnis:

Derivate:

Es handelt sich bei „Derivaten" um einen Oberbegriff, der viele verschiedene Produkte beinhaltet. Derivate sind Produkte, bei denen sich der aktuelle Preis von einem Basiswert ableitet, der vor dem Handel bekannt ist. Der Begriff „Derivat" leitet sich übrigens vom lateinischen Wort „derivare" ab, was schlicht „Ableitung" bedeutet.

Dieser Begriff ist damit sehr passend, da der aktuelle Wert immer eine Ableitung des Basiswertes darstellt. Allen Derivaten liegen als Basiswert entweder Aktien, Rohstoffe oder Anleihen zugrunde. Interessant sind Derivate, weil diese dafür sorgen, dass Preise nachgebildet werden und das Kursrisiko ein wenig geringer ausfällt. Außerdem sind Derivate bei Spekulationen besonders üblich, da diese als eine Art Wette bezeichnet werden können.

Viele Daytrader beschäftigen sich in intensiver Form mit Derivaten, die als Vertrag zwischen dem Daytrader und dem Anbieter zu bezeichnen sind. Bei einem Anstieg des Kurses, der dem Basisprodukt zugrunde liegt, wird ein Gewinn erzielt. Sinkt der zugrunde liegende Kurs, ist ein Verlust die Folge.

Bevor wir zu den einzelnen Formen der Derivate kommen, die üblich und begehrt sind, soll mit einem Beispiel dargestellt werden, wie der Handel mit Derivaten funktioniert. Das Prinzip klingt anfangs zugegebenermaßen kompliziert, ist aber in der Praxis gar nicht so schwierig. Nehmen wir einmal den Ölpreis als erstes Beispiel, da es sich bei Öl um einen beliebten Rohstoff handelt, der häufig in Derivaten abgebildet wird. Du setzt in diesem Fall auf einen ansteigenden Ölpreis. Der Preis für ein Barrel liegt vielleicht gerade bei 200 US-Dollar – es geht hierbei einzig und allein um einen beispielhaften Wert zur besseren Veranschaulichung.

Das Derivat wird dann mit einer Abbildung von 1:10 gekauft. Das wären 20 Dollar, da bei einer Abbildung von 1:10 nur 10 Prozent des Basispreises bezahlt werden müssen. Steigt der Ölpreis jetzt nach dem Kauf um 10 Prozent, wäre das für 20 Dollar gekaufte Derivat 22 Dollar wert. Der Gewinn von 2 Dollar fällt dann beim Verkauf an. Der Wert eines Derivats entwickelt sich immer genauso wie der zugrunde liegende Basiskurs.

Steigt der Kurs, steigt auch der Wert des Derivats im Verhältnis. Sinkt der Ölpreis, sinkt auch der Wert des gekauften Derivats. Eine Abbildung von 1:10 ist wie gesagt nur ein mögliches Beispiel. Du kannst auch ein Derivat mit einer ganz anderen Abbildung als der genannten kaufen. Bei einer Abbildung von 1:10 ist der Vorteil vorhanden, dass die Derivate je nach Kosten des Basiswertes recht günstig ausfallen.

Du kannst mit einem geringen Kapital einsteigen, da beim Kauf von einem Barrel Öl sonst schließlich 200 Dollar anfallen würden. Das gilt für Rohstoffe ebenso wie für Aktien sowie für alle anderen Produkte, die mit Derivaten gekauft werden können. Es gibt aber ebenfalls Nachteile, die gegen Derivate sprechen und dafür sorgen, dass diese mit ein wenig Vorsicht betrachtet werden sollten. Die Preise der Basisprodukte werden oft beim Traden aufgeblasen, wodurch sich Spekulationsblasen bilden können.

Das kann zu schwer absehbaren Entwicklungen am Markt führen, die nicht ganz zu unterschätzen sind. Insgesamt gehören Derivate aber zu den beliebtesten Produkten überhaupt, mit denen Daytrader handeln. Natürlich kannst du ebenfalls Derivate kaufen, die bestimmte Aktien, Edelmetalle wie Gold oder Kryptowährungen als Basiswert nutzen.

Der Grundgedanke von Derivaten dürfte damit verständlicher sein, wenn von einem abgeleiteten Preis ausgegangen wird, der sich auf einen Basiswert bezieht. Jetzt gibt es aber noch unterschiedliche Derivatarten, in die unterschieden werden muss.

Bei diesen Geschäften ist aber ein etwas höheres Startkapital erforderlich, um einsteigen zu können. So wird im Normalfall ein Betrag von mindestens 400 Euro angegeben, wenn es beispielsweise um Differenzgeschäfte, also CFDs (*Contracts for Difference* oder Differenzkontrakte), geht. Es macht daher Sinn, das entsprechende Startkapital zu haben, damit du mit 400 oder 500 Euro einsteigen kannst, wenn es um Derivate und den Handel damit geht. Beachte auch hier, dass ein kompletter Verlust deines Startkapitals natürlich nicht das Ziel darstellt, jedoch passieren kann. Deshalb solltest du nur mit Geld handeln, bei dem ein Verlust zu verkraften ist und im Anschluss nicht zu Problemen führt.

Folgende Derivatarten sind üblich:

- Aktienanleihen

Eine bei Unternehmen beliebte Form von Derivaten sind Aktienanleihen, da diese dabei helfen, Kapital für Investitionen zu beschaffen. Es ist für Unternehmen schließlich nicht immer einfach, sich das erforderliche Kapital zu beschaffen, ohne dafür bei einer Bank für einen Kredit vorzusprechen. Den Aktienanleihen liegt ebenfalls ein Basiswert zugrunde, wie es bei allen Derivaten der Fall ist. Es handelt sich hierbei um ein spezielles Wertpapier, bei dem im Grunde genommen die Zinszahlungen der Anleihe mit dem Kursrisiko einer Aktie verbunden werden.

Nehmen wir einmal an, dass der Basiswert der Aktien mit einem Verhältnis von 1:10 abgebildet wird. Der Basiswert beträgt der Einfachheit halber 100 Euro, wodurch für ein Derivat 10 Euro bezahlt wird. Du kaufst dir ein solches Derivat mit dem gewünschten Kapital und erhältst am Ende einen Gewinn, wenn die Zinszahlungen von den Unternehmen, die hinter der Anleihe stehen, bezahlt werden können. Genau wie bei klassischen Anleihen hängt das Risiko mit dem jeweiligen Unternehmen zusammen, bei dem eine Anleihe gekauft wird. Wenn der Kurs der Aktie fällt, dann erhältst du in diesem Fall nur noch das Geld für die Aktie zurück, nicht jedoch einen Gewinn. Ein Verlust ist damit ebenfalls möglich, wie es bei allen Derivaten der Fall ist. Dadurch ist auch hier wieder ein Risiko vorhanden, genau wie bei allen anderen Produkten, mit denen ein Daytrader handeln kann.

- CFDs (Differenzgeschäfte)

Contracts for Difference meinen Differenzgeschäfte bei den Derivaten. Die Besonderheit besteht darin, dass die Differenz zwischen dem Ein- und Ausstieg aus dem Geschäft gehandelt wird. Diese Differenz wird ebenfalls als „Spread" bezeichnet. Du kannst Differenzgeschäfte mit allen nur denkbaren Produkten, also auch mit Rohstoffen, Währungen und Aktien, abschließen. Letztendlich spekulierst du bei einem CFD auf steigende oder fallende Kurse, also auf die Differenz zum Zeitpunkt des Kaufs und des Verkaufs. Da es sich hierbei um hochspekulative Produkte handelt, solltest du diese in jedem Fall erst mit einem Demokonto austesten.

In der Realität lässt sich leichter nachvollziehen, wie du durch die Differenzen Gewinne erzielst. Wichtig ist hier, dass es nicht unbedingt um zukünftige Preise oder eine Wertentwicklung nach oben hin geht, sondern nur um die Differenz der Kurse zwischen Kauf und Verkauf. Außerdem handelt es sich bei einem CFD um ein Produkt, welches selbst bei einem fallenden Markt genutzt werden kann – genau wie es bei Optionen der Fall ist, zu denen wir gleich noch kommen. Im Normalfall werden Differenzgeschäfte mit Hebeln verknüpft, wodurch das Risiko eines Verlusts ziemlich hoch ist.

- Futures

Wie der Name schon sagt, geht es hierbei um den zukünftigen Preis eines Basiswertes. Dieser Basiswert wird bei den Futures von Anfang an zu einem festen Preis gekauft, der in der Zukunft erreicht werden soll. Der Preis wird also schon beim Kauf der Futures vereinbart. Somit geht es darum, die Entwicklungen der Preise schon jetzt richtig vorherzusagen, damit dieser zukünftige Preis erzielt wird. Nur wenn das der Fall ist, wird ein Gewinn erzielt. Entwickelt sich der Preis anders, wird bei dieser speziellen Form des Termingeschäfts ein Verlust gemacht. Grundsätzlich besteht die Besonderheit nicht nur in dem vorher ausgehandelten Preis, sondern auch darin, dass das Produkt zu einem festen Preis und Termin an den Kunden ausgeliefert wird. Bei dem Kunden handelt es sich hier um den Anleger, der das Geld zur Verfügung stellt.

Nehmen wir einmal an, dass du 100 Euro in ein Derivat investierst und darauf setzt, dass der Kurs um sagen wir 10 Prozent steigt. Ist das der Fall, gewinnst du. Erzielt das Produkt lediglich ein Plus von 3 Prozent, hat sich der vereinbarte Preis nicht erfüllt. Mit Futures zu handeln erfordert daher immer ein gutes Verständnis der Märkte sowie der möglichen Preisentwicklung. Daytrader können mit ein wenig Erfahrung besser vorhersagen, ob eine solche Preisentwicklung im Rahmen des Möglichen liegt oder nicht.

- Optionen

Eine Option meint, dass du dir die Möglichkeit sicherst, dein Derivat zu einem vorher genannten Preis oder zu einem bestimmten Zeitpunkt zu verkaufen. Tatsächlich besteht der interessante Punkt bei einer Option darin, dass du das Recht erhältst, zu einem festen Preis oder zu einem bestimmten Zeitpunkt zu verkaufen. Du sicherst dich ein wenig ab, profitierst vom Ansteigen der Kurse – und kannst bei einem Kursverlust trotzdem das eingesetzte Geld verlieren.

Du kannst dein Derivat zu einem fallenden oder zu einem steigenden Kurs im Vergleich zum aktuellen Zeitpunkt verkaufen. Genau wie bei den Differenzgeschäften musst du bei Optionen nicht ausschließlich auf steigende Kurse setzen, um am Ende mit einem Gewinn aus dem Handel zu gehen. Nehmen wir einmal an, dass du dir Wertpapiere mit einem Basiswert von 10 Euro mit einer Abbildung von 1:10 für 1 Euro kaufst. Du sicherst dir die Option, dein Derivat zu einem Preis von 1,05 Euro des Basiswertes zu verkaufen. Steigen die Kurse des Basiswertes auf 1,05 Euro, kannst du entsprechend deine Optionen verkaufen. Durch Hebel werden die Gewinnmöglichkeiten auch hier weiter erhöht, da ohne diese kaum entsprechende Gewinne möglich wären.

- Swaps (Tauschgeschäfte)

Ein wenig komplizierter sind die sogenannten Swaps, wie Tauschgeschäfte mit dem Austausch von Zahlungsströmen genannt werden. Zum aktuellen Zeitpunkt werden Zahlungsströme vereinbart, die aber erst in der Zukunft ausgetauscht werden. Besonders üblich ist es hier, dass aktuell Schulden oder auch zu erwartende Zinsen ausgetauscht werden, da auf diese Weise von Differenzen bei den Währungen profitiert wird. Tatsächlich besteht der Grund für diese Tauschgeschäfte darin, dass bestimmte Erwartungen von Seiten der Käufer dieser Derivate vorhanden sind. Diese Derivate werden gekauft, da darauf gesetzt wird, dass sich die eigenen Erwartungen in Bezug auf das Geschäft erfüllen. Erfüllen sie sich, wird der Swap mit einem Gewinn beendet. Erfüllen sie sich nicht, wird er mit einem Verlust geschlossen. Vom Prinzip her ähneln Swaps daher ein wenig den zuvor erklärten Futures.

Nehmen wir einmal an, dass ein Derivat angeboten wird, bei dem der Anbieter auf steigende Zinsen setzt. In diesem Fall wird ein fester Zinssatz vereinbart. Die andere Partei setzt aber auf fallende Zinsen, wodurch es Sinn macht, einen flexiblen Zinssatz zu vereinbaren. Wenn die Zinsen jetzt fallen oder steigen, werden die Erwartungen von einer der Parteien erfüllt – und von der anderen nicht. Das funktioniert übrigens auch bei Devisen, da es bei Währungen ebenfalls sehr beliebt ist, Derivate zu kaufen, die ein Tauschgeschäft beinhalten. Hier geht es immer um zukünftige Zahlungsströme und es ist die Aufgabe des Daytraders zu verstehen, wann diese Erwartungen in Bezug auf Zinsen oder die Entwicklungen von Währungen erfüllt oder nicht erfüllt werden. Auf diese Weise ist es möglich, Gewinne zu machen, wenn sich der Basiswert entsprechend entwickelt. Es handelt sich bei den Tauschgeschäften um eine tatsächlich sehr komplizierte Form von Derivaten. Für Anfänger würde ich diese Produkte daher nicht empfehlen, da es besser ist, erst einmal Erfahrungen mit anderen Trades zu machen.

- Zertifikate

Ähnlich wie bei Aktienanleihen handelt es sich bei Zertifikaten um eine Option der Anbieter, um an Kapital zu kommen. Dieses kann zur Finanzierung von Unternehmen, Innovationen oder neuen Produkten genutzt werden. Anders gesagt ist ein Zertifikat eine Schuldverschreibung, bei der im Normalfall ein fester Zinssatz gewährleistet wird. Doch auch hier entstehen bei Derivaten mögliche Kursanstiege, durch die Gewinne erzielt werden. Im Gegensatz zu Aktienanleihen muss bei einem Zertifikat keine Schuldverschreibung über eine Aktie erfolgen. Unternehmen können hier genau wie Staaten Zertifikate ausstellen, um sich auf diese Weise dringend benötigtes Kapital zu sichern.

Obwohl diese Produkte alle unter dem Oberbegriff der Derivate zusammengefasst werden, handelt es sich um verschiedene Möglichkeiten für einen Handel. Entscheidend ist, dass du hier nicht nur den Basiswert, der als Grundlage genommen wird, genau verstehst, sondern auch die jeweilige Art des Derivats, die du nutzt. Falls du mit Derivaten handeln möchtest, lohnt es sich immer, sich zuerst in eine oder zwei Typen einzuarbeiten und Erfahrungen zu sammeln. Starte mit Derivaten zu Produkten, bei denen du dich mit den zugrunde liegenden Basiswerten wirklich gut auskennst. Andernfalls ist das Risiko einfach zu groß und lässt sich nicht mehr richtig kalkulieren, um tatsächlich mit einem Gewinn zu rechnen. Falls du dich mit Gold gar nicht auskennst, solltest du daher eher nicht mit Derivaten handeln, bei denen Gold der Basiswert ist. Von Bedeutung bei diesen Produkten ist zudem, dass diese in den meisten Fällen mit Hebeln gehandelt werden. Aus diesem Grund beschäftigen wir uns jetzt erst einmal mit den sogenannten Hebelprodukten. Das Risiko wird auf diese Weise höher, doch die Gewinnchancen in Bezug auf deutlich höhere Gewinne steigen ebenfalls, wie du gleich näher sehen wirst.

Hebelprodukte

Bekannt und beliebt beim Daytrading sind die Hebelprodukte. Für ein Verständnis dieser Produkte, die für alle Märkte und in unterschiedlicher Zusammensetzung möglich sind, ist zunächst eine Erklärung von Hebeln an sich erforderlich. Ein Hebel stellt einen kurzfristigen Kredit dar, der von den Brokern gewährt wird. Es gibt hierbei ein genaues Verhältnis: das Verhältnis von deinem eigenen Kapital zum geliehenen Kapital. Ein Verhältnis von 1:10 meint zum Beispiel, dass du 10 Prozent von deinem eigenen Geld nutzt und 90 Prozent geliehenes Geld. Ein Hebel von 1:20 ist daher schon entsprechend hoch und sorgt dafür, dass du zwanzigmal so viel Geld einsetzt, wie du selbst zur Verfügung hast. Sehr viel mehr gibt es zum Thema

„Hebelprodukte" eigentlich nicht zu sagen, da ein Hebel bei jedem Produkt möglich ist. Nicht sehr empfehlenswert ist ein solcher allerdings, wenn es um Aktien geht. Doch auch hier kann ein Hebel eingesetzt werden, wenn du es möchtest. Bei anderen Produkten ist es genauso immer möglich. Du entscheidest selbst, in welcher Höhe du einen Hebel einsetzt und ob dieser genutzt werden soll. Sehr viele Daytrader nutzen Hebel aus dem einfachen Grund, um den möglichen Verdienst zu erhöhen. Denn nur wenige Daytrader haben so viel Geld direkt zur Verfügung, dass sie wirklich hohe Gewinne erzielen könnten.

Tatsächlich sind die Produkte, mit denen Daytrader handeln, recht komplex, vielseitig und benötigen ein wenig Geduld, damit sie vollständig verstanden werden. Daher macht es Sinn, sich von Anfang an mit einigen wenigen Produkten auseinanderzusetzen, damit keine hohen Verluste erzielt werden. Gerade Derivate sind am Anfang alles andere als leicht verständlich – die Schwierigkeitsstufe wird durch den Einsatz von Hebeln noch zusätzlich erhöht, was hier nicht unterschätzt werden sollte. Ein Demokonto kann dir dabei helfen, dich ebenfalls mit Derivaten vertraut zu machen, und unterstützt dich dabei, dich in die komplexen Details einzuarbeiten.

Es lohnt sich hier in jedem Fall, sich Zeit für einen Bereich zu nehmen und dadurch das Grundprinzip von Derivaten und Hebeln zu verstehen. Schließlich handelt es sich dabei um einen Bereich, der aus dem Daytrading nicht wegzudenken ist, wenn diese Tätigkeit tatsächlich mit dem Ziel, Geld zu verdienen, ausgeübt werden soll.

CHANCEN UND RISIKEN: KURZFRISTIG GELD BEIM DAY-TRADING VERDIENEN

Vielleicht denkst du im ersten Moment, dass man sich beim Handel mit Wertpapieren stets zwischen dem kurz- und dem langfristigen Handel entscheiden muss und dass es keine Zwischenlösung gibt, da Daytrader ja nicht langfristig in Aktien, ETFs, Fonds oder Rohstoffe investieren. Das stimmt so allerdings nicht, da es durchaus die Möglichkeit gibt, kurz- und langfristige Anlageformen zu mischen. Ein vielseitig aufgestelltes Depot besteht schließlich im besten Fall ebenfalls aus ETFs, aus Einzelaktien und vielleicht sogar aus ein paar Dividendenaktien. Das wäre die längerfristige Strategie für alle, die mit Wertpapieren Geld machen wollen.

Es spricht jedoch nichts dagegen, sich umfassende Erfahrung in Bezug auf den Handel mit Wertpapieren anzueignen und diese vielseitig zu nutzen. Dadurch lohnt es sich sogar noch mehr, sich mit der Thematik zu beschäftigen und Zeit in den Wertpapierhandel zu stecken. Nehmen wir einmal Kryptowährungen als Beispiel. Du kannst dir dein E-Wallet langsam aufbauen und immer wieder Bitcoins oder andere Währungen kaufen. Bei einem E-Wallet handelt es sich letztendlich um eine Art digitale Brieftasche oder ein Bankkonto, auf dem du deine Bitcoins speichern kannst. Durch langfristig steigende Kurse erzielst du Gewinne und kannst dir mit ein wenig Geschick ein Vermögen aufbauen. Das Geld steckt dann aber für einen möglichst langen Zeitraum in den Kryptowährungen und wird dir eher in der Zukunft deine Träume erfüllen als sofort oder dich im Alter absichern.

Anders ist es beim Daytrading – denn auch Daytrader kaufen Kryptowährungen, wie du bereits erfahren hast. Und zwar mit dem Ziel, nicht langfristig von steigenden Kursen zu profitieren, sondern kurzfristig Gewinne zu erzielen. Die Kurse des Bitcoins steigen und fallen genau wie die Kurse aller anderen Kryptowährungen über den Tag verteilt immer wieder. Wer zum richtigen Zeitpunkt ein- und aussteigt, kann entsprechende Gewinne erzielen. Vielleicht arbeitest du dich so sehr in das Thema „Kryptowährungen“ ein, dass du innerhalb eines Tages 200 Euro Gewinn machst.

Und innerhalb einer Woche 500 Euro, weil du zwischendurch auch mal Verluste machen wirst. Mit dieser Vorgehensweise könntest du dir langfristig ein Vermögen und kurzfristig ein Einkommen sichern. Dieses Beispiel zeigt außerdem, dass es in jedem Fall Sinn macht, sich auf bestimmte Themen und Produkte zu spezialisieren und dann jeweils auf dem aktuellen Stand zu bleiben. Dadurch kannst du immer mehr Erfahrung sammeln, was letztendlich bei allen Anlagezielen von Bedeutung ist.

Du musst dich daher nicht zwischen lang- und kurzfristigen Investitionen entscheiden und kannst auf verschiedenen Wegen zu Geld kommen. Die Tätigkeit eines Daytraders lässt sich sogar sehr gut mit langfristigen Anlagezielen verbinden, wie dieses Beispiel gezeigt hat. Natürlich musst du das so verdiente Geld nicht direkt ausgeben oder nur für den Alltag nutzen. Je nach Höhe der Einnahmen kannst du durch diese Gewinne in Zukunft mit noch höherem Kapital beim Traden arbeiten. Oder du investierst einen Teil des verdienten Geldes langfristig, um dir andere Ziele zu erfüllen. Vorgaben gibt es hier selbstverständlich keine, da du stets selbst entscheiden kannst, wie viel Geld genau du beim Daytrading in die Hand nimmst.

Da die Verlockung natürlich groß ist, sehr viel Geld zu nutzen, um möglichst hohe Gewinne zu erzielen, lassen sich viele Daytrader mitreißen. Das Risiko beim Traden steigt mit der Höhe des verwendeten Kapitals deutlich an, da entsprechend mehr Geld verloren werden kann. Deshalb ist das passende Mindset, also die eigene Einstellung, beim Daytrading so wichtig, dass dieser Aspekt ein eigenes Kapitel in diesem Buch erhalten wird.

Sorge daher langfristig vor und baue dir ein Vermögen auf – und erzeuge kurzfristig ein sehenswertes Nebeneinkommen durch das Daytrading. Das eine schließt das andere nicht aus, ganz im Gegenteil. Schließlich sollen sich die Geduld, Disziplin und Mühe auch wirklich lohnen, die es kostet, sich in die Thematik und in die verschiedenen Märkte einzuarbeiten. Schnell wirst du ohnehin feststellen, welche Branchen und Märkte dich mehr ansprechen als andere. Das habe ich selbst bereits herausgefunden und ebenso von anderen Menschen mitbekommen, die aktiv mit Wertpapieren, Rohstoffen und Devisen handeln. Mir persönlich gefällt beim Daytraden am meisten der Forex-Markt, also der Handel mit Devisen. Für den längerfristigen Vermögensaufbau können mich ETFs sowie die Aktien von Neueinsteigern an der Börse begeistern. Das bedeutet nicht, dass die anderen Optionen oder Märkte schlechter wären. Es soll nur deutlich gemacht werden, dass ein persönlicher Fokus auf einzelne Bereiche völlig normal ist und die langfristige Investition ebenso wie den kurzfristigen Handel mit Wertpapieren immer vereinfacht. Außerdem wird hier wiederum die schon erwähnte „Spezialisierung" deutlich, bei der ein Expertenstatus vorhanden ist, der in jedem Fall positiv genutzt werden kann.

Kommen wir nun konkret zu den Chancen und Risiken des Daytradings, da das Thema „Risiko" nicht vom Tageshandel wegzudenken ist. Bei einem Blick auf Erfahrungsberichte ist es tatsächlich der Fall, dass viele Daytrader kurzfristig oder sogar langfristig Geld beim Handeln verlieren. Diese Zahlen sollen nicht beschönigt werden, da schließlich höhere Verluste möglich sind, wenn man sich zu sehr auf den großen Gewinn verlässt.

Tatsächlich hat sich Umfragen zufolge herausgestellt, dass rund 90 Prozent aller Daytrader bei dieser Tätigkeit langfristig Geld verlieren. Das bedeutet, dass die Höhe der erzielten Gewinne unterhalb der Verluste liegt, die durch verlorene Trades gemacht wurden. Diese Zahlen sollen vor allem verdeutlichen, dass du beim Daytrading mit der Höhe der investierten Beträge aufpassen solltest, damit mögliche Verluste eingedämmt werden. Darüber hinaus gibt es immerhin noch rund 10 Prozent der Daytrader, die langfristig Gewinne erzielen. Diese fallen teilweise sehr hoch aus, wenn die richtigen Trades ausgewählt und entsprechende Summen an Kapital eingesetzt werden.

Innerhalb von Sekunden oder Minuten können ohne weiteres beim Daytrading dreistellige Summen verdient werden. Es handelt sich dabei um einen echten Verdienst und nicht um einen „Gewinn" wie beim Glücksspiel, wie vielleicht im ersten Moment angenommen wird. Das bedeutet im Umkehrschluss zugleich, dass bei entsprechender Erfahrung sowie mit ausreichend Übung ein Nebeneinkommen durch das Daytrading verdient werden kann. Dieses fällt mit einer guten Kenntnis der Märkte, dem passenden Kapital und natürlich mit Übung gar nicht so gering aus. Es besteht zusätzlich die Möglichkeit, von diesem Verdienst zu leben und nicht nur Zugewinne zum Haupteinkommen zu erzielen. Allerdings ist es dafür entscheidend, so viel wie nur möglich über die einzelnen Märkte und die Entwicklungen zu wissen, um die richtigen Käufe zu tätigen. Du entscheidest selbst, wie viel Zeit und Risiko du in diese Tätigkeit investieren möchtest.

Gute Daytrader können von ihren Trades leben, doch selbst wenn du erst einmal in Teilzeit anfangen willst, sind sehr gute Verdienstmöglichkeiten gegeben. Es lohnt sich in diesem Fall, sich erst einmal langsam an die Möglichkeiten heranzutasten und sich das vorhandene Potenzial auf diese Weise anzusehen. Obwohl die Risiken wie gesagt recht hoch sind, sind die Chancen auf einen hohen Verdienst ebenfalls hoch. Es geht also vor allen Dingen um Wissen, Strategie und Disziplin, was nicht bei allen Daytradern zur Genüge vorhanden ist. Es lohnt sich daher beim Wunsch, sich ernsthaft ein Einkommen als Daytrader aufzubauen, sich frühzeitig mit den Märkten und Produkten zu beschäftigen.

Im nächsten Kapitel möchte ich zunächst einmal auf das Thema „Mindset" eingehen, da die richtige Einstellung zu Risiken, zur Vorgehensweise und zu den Zielen beim Daytrading entscheidend für den Erfolg sind. Ein umfangreiches Wissen rund um die Märkte und einzelnen Produkte hilft dir nur bedingt weiter, wenn deine persönliche Einstellung nicht dazu passt.

MINDSET: EIN WICHTIGER PUNKT BEIM DAYTRADING

Die eigene Einstellung spielt für jede Art des Geschäfts an der Börse eine große Rolle. Allerdings ist das Investieren in ETFs oder Aktienfonds nicht so schwierig und selbst bei Einzelaktien ist es mit ein wenig Vorwissen möglich, hohe Gewinne zu erzielen. Hohe Einnahmen innerhalb von Minuten oder Sekunden sind allerdings nur beim Daytrading möglich. Auf diese Einnahmen hofft man und gerade Einsteiger haben nicht selten eine etwas realitätsferne Vorstellung davon, welche Möglichkeiten beim Traden vorhanden sind. Damit sich das Risiko in Grenzen hält, die Verluste nicht ins Unermessliche steigen und der Frust ebenso wie der Blutdruck nicht ein bestimmtes Limit überschreiten, ist die passende Einstellung von größter Bedeutung. Zum Mindset gehören sowohl das Risikomanagement als auch die persönliche Einstellung zu Gewinnen und Verlusten sowie die mentale Einstellung, die beim Daytraden ebenfalls eine große Rolle spielt.

Die Wahrscheinlichkeit, dass du in einer nervösen Verfassung oder ohne einen durchdachten Plan tatsächlich dein Geld vermehrst, ist wirklich ziemlich gering. Deshalb lohnt es sich, sich nicht nur mit den Grundsätzen des Daytradings zu beschäftigen und die jeweils besten Strategien zu kennen, sondern auch einige entscheidende Punkte beim Mindset zu beachten. Denke außerdem daran, dass es normal ist, am Anfang verstärkt Geld zu verlieren. Deshalb macht es Sinn, das eingesetzte Startkapital genau zu überdenken. Es ist definitiv eher zu empfehlen, mit 500 oder 1.000 Euro zu beginnen und nicht direkt mit 10.000 Euro anzufangen. Dadurch wirst du zwar ein gewisses Lehrgeld bezahlen, welches sich aber von Anfang an noch in Grenzen hält.

RISIKEN RICHTIG EINSCHÄTZEN LERNEN

Zuerst wollen wir uns an dieser Stelle einmal das Thema „Risiken" und „Risikomanagement" detaillierter ansehen. Die Risiken zu kennen, mit ihnen zu leben und auf ein erträgliches Maß zu begrenzen, ist dabei von großer Bedeutung, damit aus dir ein erfolgreicher Daytrader werden kann.

Es gibt dabei einige Dinge, die du dir überlegen kannst, damit das Risiko beim Traden ein wenig eingeschränkt wird. Selbst wenn die persönliche Einstellung zu Risiken soweit sehr gut passt und genau überdacht wurde, macht es Sinn, wenn noch einige weitere Vorsichtsmaßnahmen eingesetzt werden. Deshalb möchte ich dir hier die sogenannte „Stop-Loss-Order" vorstellen, von der du beim Daytrading immer wieder hören wirst.

Bei einer Stop-Loss-Order setzt du beim Kauf eines Produkts einen Kurs fest, bei dem automatisch ein Verkauf der Titel stattfindet. Nehmen wir einmal an, dass du mit Aktien handelst und der Einstiegskurs bei 50 Euro lag. Du könntest die Stop-Loss-Order beispielsweise bei 48 Euro festsetzen. Dadurch beträgt dein maximaler Verlust 2 Euro pro Order, also pro Aktie, und kann gar nicht erst höher ausfallen. Natürlich kann dieser Betrag bei einem noch niedrigeren Kurs gesetzt werden oder aber bereits bei 49 Euro, um den Verlust so gering wie möglich zu halten. Mit dieser Option kannst du dein eingegangenes Risiko bewusst steuern. Diese Möglichkeit würde ich in jedem Fall ergreifen, besonders am Anfang, aber auch später mit mehr Erfahrung, wobei es natürlich von Person zu Person unterschiedlich ist, wie hoch das gewählte Risiko sein soll.

Ein weiterer grundlegender Begriff in Bezug auf das Risiko sowie auf die Gewinnchancen ist der Einsatz von Hebeln. Häufig wirst du im Zusammenhang mit dem Daytrading davon hören, dass Hebel in bestimmten Verhältnissen zum Einsatz kommen. Bei einem Hebel handelt es sich wie gesagt um einen kurzfristigen Kredit, den du von deinem Broker beim Traden gewährt bekommst. Durch diesen Kredit besteht die Möglichkeit, sehr viel höhere Gewinne zu erzielen, ohne dabei eigenes Geld anzutasten. Das klingt nicht nur riskant, sondern ist es auch, und stellt trotzdem eine Möglichkeit dar, um mit begrenzten persönlichen Mitteln hohe Gewinne zu erzielen.

Mit einem Beispiel wird dir das Prinzip von Hebeln deutlich. Stelle dir einmal vor, dass du aktuell nur 100 Euro zur Verfügung hast, die bei Trades zum Einsatz kommen können. Dabei handelt es sich beim Traden tatsächlich um eine eher geringe Summe, mit der nicht ganz so hohe Gewinne möglich sind. Gerade in Bezug auf Aktien ist mit dieser Summe nicht so viel möglich, da du dir damit nur wenige Wertpapiere kaufen kannst. In Bezug auf Währungen ist mit dieser Summe aber schon etwas anzufangen, da damit einige Anteile gekauft werden können. Die Gewinne bewegen sich dann trotzdem in einem recht kleinen Bereich, sodass es beim Daytrading normalerweise nicht ausreicht, stets nur mit sehr niedrigen Summen zu arbeiten. Nehmen wir einmal an, dass du einen guten Trade umgesetzt hast und 10 Euro Gewinn machen würdest. Das wäre eine stolze Rendite von 10 Prozent – dennoch dauert es auf diese Weise sehr lange, bis eine sehenswerte Summe erreicht wird. An dieser Stelle kommen nun Hebel ins Spiel. Mit einem Hebel von 1:10 könntest du deine 100 Euro einsetzen und würdest dir kurzfristig 900 Euro von deinem Broker in Form eines Kredits leihen. Beim gleichen Trade liegt dein Gewinn durch die höhere eingesetzte Summe schon bei 100 Euro und nicht mehr bei lediglich 10 Euro.

Ein Hebel sichert dir beim Daytrading also höhere Gewinne im Falle des Erfolgs. Du kannst ganz unterschiedliche Hebel einsetzen – hier bietet der Broker in der Regel ebenfalls mehrere Optionen an, sodass eine Auswahlmöglichkeit vorhanden ist. Ein Hebel von 5:10 würde damit bei einem Gesamtbetrag von 100 Euro bedeuten, dass 50 Euro von deinem eigenen Geld stammen. Die anderen 50 Euro sind der Kredit des Brokers, der für die Hebelwirkung genutzt wird.

Natürlich bedeutet ein Verlust bei einem Trade mit Hebeln, dass du nicht nur dein eigenes Geld verlieren oder reduzieren würdest, sondern auch das Geld deines Brokers. Denn dieses wurde dir ja nur in Form eines Kredits geliehen und kann somit ebenfalls zu höheren Verlusten führen. Die genauen Gebühren, die für diesen Kredit anfallen, hängen dabei immer vom jeweiligen Broker ab. Die Gebühren werden somit genau wie das geliehene Geld zurückgezahlt, sobald der Trade abgeschlossen ist. Im schlimmsten Fall müssen diese Summen von dem eigenen Kapital zurückgezahlt werden, da ein hoher Verlust erzielt wurde. Das kann schließlich immer passieren.

Am Ende sind die erzielten Gewinne aber immer noch höher, als es beim Einsatz des eigenen Kapitals möglich gewesen wäre. Wenn du deine ersten Trades umgesetzt hast, bietet es sich aber in vielen Fällen an, mit Hebeln zu arbeiten. Es ist nur wichtig, dass du dir bewusst machst, dass ein Verlust bei einem Trade durch Hebel genauso verstärkt wird wie ein Gewinn.

Je eher du dir der möglichen Risiken bewusstwirst und je bedachter du dein Startkapital nutzt, desto besser. Von großer Bedeutung ist des Weiteren die persönliche Einstellung zu Verlusten. Nicht für jeden Anleger, der sich einen Nebenverdienst aufbauen will, ist der Umgang mit dem Risiko einfach. Daher solltest du dir von Anfang an bewusst machen, dass Gewinne und Verluste beim Traden ganz normal sind.

Sei dir außerdem darüber im Klaren, wer deine Handelspartner sind, damit du weißt, dass du in Konkurrenz mit vielen Profis stehst. Das wird hier nicht angegeben, um dich zu entmutigen, sondern um von Anfang an Enttäuschungen zu verhindern. Mit der passenden Einstellung warten schon bald erste Gewinne auf dich, über die du dich freuen kannst.

DIE BEDEUTUNG DER PERSÖNLICHEN VERFASSUNG

Immer wieder wird ebenfalls angegeben, dass die persönliche Verfassung von großer Bedeutung ist, wenn es um das Daytrading geht. Zwar wird häufig angenommen, dass es eigentlich nur auf ausreichendes Wissen und eine gut durchdachte Strategie ankommt sowie vielleicht noch auf eine gute Portion Glück – jedoch nicht auf die persönliche Verfassung, in der der Daytrader sich befindet. Dabei spielt die psychische Verfassung sehr wohl eine große Rolle, wenn es um den Erfolg geht. Außerdem kann es bei einer sehr angespannten oder insgesamt schlechten Verfassung schnell passieren, dass das Daytraden als noch stressiger empfunden wird.

Anders gesagt: Wenn es dir ohnehin schon nicht so gut geht, handelt es sich beim Daytraden um die beste Option, damit es dir im Anschluss noch schlechter geht. Wenn du dich aber gut fühlst, ruhig bist und dich sehr gut konzentrieren kannst, dann bist du auf das Handeln an der Börse optimal vorbereitet. Viele Daytrader handeln aus dem Wunsch heraus, unbedingt Geld verdienen zu müssen oder um Verluste auszugleichen, was aber im Normalfall nicht zum Erfolg führt: Denn je mehr Angst beim Traden dazukommt und je eher du die Nerven verlierst, desto höher ist die Wahrscheinlichkeit eines Verlusts. Die persönliche Verfassung spielt bei dieser Arbeit eine wesentliche Rolle – und es ist ja am Ende nichts anderes als eine Arbeit, von der dein Lebensunterhalt mit abhängen wird. Zur persönlichen Verfassung gehört ohne Frage die Einstellung zu Gewinnen und Verlusten, die Tagesform und der Grad der Konzentration. Verzweifelt zu starten, weil du am Vortag viel Geld verloren hast, ist hingegen keineoptimale Grundvoraussetzung fürs Traden.

WISSEN MACHT DEN UNTERSCHIED – DIE EINSTELLUNG ERFOLGREICHER DAYTRADER

Es gibt Möglichkeiten, durch Glück an Geld zu kommen. Ganz klar handelt es sich beim Daytrading aber nicht um eine solche Option, da hier nicht Glück, sondern Wissen entscheidend ist. Es kommt daher stark darauf an, wie tiefgehend du dich in die einzelnen Themenbereiche einarbeiten kannst, damit du hier die Chance auf Gewinne hast. Oberflächliches Wissen rund um einzelne Märkte und Produkte kann tatsächlich schnell zum Problem werden, da dann eine realistische Einschätzung der Lage kaum möglich ist. Bist du bereit, dir Wissen anzueignen sowie die Nachrichten und die Märkte zu verfolgen? Dann hast du zweifellos schon die richtige Grundeinstellung, um mit dem Traden zu starten.

Grundsätzlich macht das jeweilige erforderliche Wissen den Unterschied aus, wenn es um das Daytrading geht. Folgende Dinge solltest du wissen und mit diesen Themen solltest du dich beschäftigen:

- Die besten Handelszeiten zum Traden (Trade nicht zwischen 12 und 14 Uhr in der Mittagszeit und möglichst ebenso wenig außerhalb der klassischen Handelszeiten; auch die Zeit kurz vor dem Handelsschluss ist nicht zu empfehlen)
- Welche Märkte und Produkte für das Daytrading zur Verfügung stehen
- Wie du über einen Broker Titel kaufst und verkaufst
- Was passiert gerade auf den Märkten, welche aktuellen Informationen gibt es?
- Suche dir Produkte aus, die dich besonders interessieren – ein gutes Beispiel sind Währungspaare (Euro / US-Dollar)

Durch eine gute persönliche Verfassung, ein starkes Mindset, ein Bewusstsein über die Risiken und mit dem entsprechenden Wissen bist du in jedem Fall sehr gut auf deine ersten Trades vorbereitet. Nun kannst du dich mit den Strategien und klassischen Fehlern beschäftigen und dir direkt im Anschluss einen Broker suchen. Nach einigen Trades mit dem Demokonto bist du dann schon bereit, um richtig anzufangen.

Das passende Mindset wird von Anfängern ebenso wie von erfahrenen Daytradern häufig unterschätzt. Dadurch entgehen dir viele Chancen, die sich im Tagesverlauf an den Börsen immer wieder auftun. Vielleicht ist es sogar noch wichtiger, dass das Mindset stimmt, als einfach nur rein technische Daten und Fakten zu kennen. Viele Daytrader verzweifeln an den Herausforderungen und sind mental der Anspannung beim Traden nicht gewachsen. Neben der Bewältigung der mentalen Herausforderungen ist es allerdings ebenso maßgeblich, mit dem finanziellen Risiko zurechtzukommen. Das schafft nicht jeder, weshalb auch hier das Mindset eine große Rolle spielt. Sicherlich ist die persönliche Einstellung bei jedem Business von Bedeutung, egal, worum es spezifisch geht. Nur: Beim Daytrading sind die Anforderungen eben etwas höher. Nicht umsonst wirst du von vielen gestressten Brokern und Tradern hören, die zwar von dem Handel leben, denen es jedoch recht häufig zu viel wird. Wenn du von Anfang an weißt, worauf du dich einlässt und wie viel Geld du ganz unbesorgt in die Hand nehmen kannst, dann bist du bestens auf alles Weitere vorbereitet.

STRATEGIEN FÜR ANGEHENDE DAYTRADER

Beim Daytrading ist es nicht der Fall, dass du einfach ohne Strategie anfangen und mit großen Gewinnen rechnen kannst. Natürlich gibt es hier zwar viele Glücksgriffe, doch selbst wenn es im ersten Moment oft nach einem regelrechten Glücksspiel aussieht, steckt hinter dem Daytrading viel mehr.

Kluge Strategien, das passende Mindset und natürlich das entsprechende Wissen sichern dir hier den Erfolg. Obwohl es sich um Käufe und Verkäufe handelt, zwischen denen oft nur Sekunden oder Minuten liegen, solltest du dich vor jedem Kauf vorbereiten. Im nachfolgenden Kapitel erfährst du dann noch, welche Fehler viele Anfänger oft machen, die aber für den erfolgreichen Trade dringend zu vermeiden sind.

Beginnen wir mit einigen beliebten Strategien, die sich ebenfalls für Einsteiger sehr gut eignen und die mit einem hohen Potenzial und guten Gewinnchancen einhergehen:

1. Breakout – Nach Ausbrüchen der Kurse suchen

Interessierst du dich für das Wirtschaftsgeschehen, verfolgst du die Nachrichten und bist du bereit, dir die Charts der einzelnen Wertpapiere gründlich anzusehen? Dann kann sich die Breakout-Strategie für dich lohnen, bei der du letztendlich nach Ausbrüchen der Kurse nach oben hin suchst. Die Ausbrüche der Kurse nach oben hin müssen stark sein und sollten häufig auftreten, am besten nach bestimmten Nachrichten, die als Auslöser für diese Entwicklung angesehen werden können. Entscheidend ist für einen Kauf ohne Frage das entsprechende Hintergrundwissen. Nur dann wirst du es schaffen, wirklich einen erfolgreichen Trade zu tätigen, und kannst dein Wissen gezielt einsetzen.

Nicht zu verwechseln ist diese Strategie mit der Trendfolge, da es hier weniger um Trends, sondern vielmehr um die Ausbrüche der Kurse geht. Solche Ausbrüche der Kurse stellen jedoch nicht direkt Trends dar, sondern hängen in der Regel mit den Nachrichten zusammen. Nehmen wir einmal an, dass du in Kryptowährungen investierst und den Bitcoin kaufen willst. Jetzt sind die Nachrichten ganz aktuell, dass PayPal in Zukunft mit Bitcoin handeln wird. Durch das hohe Vertrauen, welches in PayPal gesetzt wird, ist das ein gutes Zeichen für die Kryptowährung und wird mit großer Wahrscheinlichkeit zu steigenden Kursen führen. Hier wäre es ideal, wenn du über mehrere Stunden hinweg überprüfst, wie sich die Ausbrüche gestalten, wie hoch diese ausfallen und wann genau die Schwankungen erfolgen. Dann kaufst du das Produkt, verkaufst bei einem Ausbruch der Preise und kannst so einen Gewinn erzielen.

Du brauchst nicht etwa viele tägliche Trades und musst auch nicht den ganzen Tag über die Charts verfolgen. Vielmehr kommt es auf dein Wissen an, welches sehr fundiert ausfallen sollte. Dann kannst du es schaffen, mit wenigen Trades am Tag ein Nebeneinkommen zu erzielen. Bleiben wir einmal beim Beispiel des Bitcoins, der zu einem bestimmten Zeitpunkt vielleicht bei 10.000 Euro liegt (es ist zur Veranschaulichung der Strategie sicherlich etwas einfacher, glattere Zahlen zu nutzen). Die Kurse schwanken beim Bitcoin ohnehin stark im Tagesverlauf, sodass größere Ausbrüche genau verfolgt und als solche erkannt werden sollten.

Nehmen wir an, du verfolgst alle News, hast dadurch die Nachricht gehört, dass PayPal in Zukunft mit Bitcoin handeln wird, und kannst diese Neuigkeiten aufgrund deiner Erfahrung einschätzen. Mehrere Ausbrüche sind beim Kurs zu verfolgen, die bis auf 10.300 Euro hochgehen. Durch einen ordentlichen Hebel von 1:10 und dem Einsatz von stolzen 1.000 Euro hast du dir quasi einen Bitcoin gesichert und bei einem Kurs von 10.000 Euro gekauft. Durch die Ausbrüche geht der Kurs wieder auf 10.300 Euro hoch und du schaffst es, in diesem Moment zu verkaufen. Damit hast du 300 Euro verdient! Was Umfragen zufolge übrigens schon den Verdienstmöglichkeiten der wirklich guten Daytrader entspricht und nicht unbedingt denen der Anfänger. Außer vielleicht es handelt sich dabei um wirklich gute Anfänger, die genau wissen, was sie tun.

Natürlich wurden bei diesem Beispiel hypothetische Zahlen eingesetzt. Vermutlich ist es wahrscheinlicher, dass du nur 1.000 Euro eingesetzt hättest oder einen geringeren Betrag von vielleicht 500 Euro. Schließlich hat nicht jeder Kleinanleger direkt 10.000 Euro auf dem Bankkonto liegen, die für den Handel genutzt werden können. Ein hoher Hebel wird auch nicht unbedingt der Fall sein und ob du den exakten Zeitpunkt von Kauf und Verkauf erwischst, den du hier für einen so hohen Gewinn brauchen würdest, ist eine weitere interessante Frage. Du siehst, dass es sogar bei den wirklich guten und für Anfänger geeigneten Strategien auf Sekunden ankommt, du aber hohe Gewinne erzielen kannst, wenn du es schlau angehst, ein Gespür für den Markt hast und nicht mit sehr geringen Summen einsteigst.

2. Trendfolge – Trends verfolgen und nutzen

Eine für Anfänger recht verständliche Methode ist die sogenannte „Trendfolge". Diese Strategie bietet sich ebenfalls für angehende Daytrader an, die gerade erst angefangen haben. In diesem Fall geht es darum, dass du Nachrichten und aktuelle Informationen verfolgst und stetig schaust, welche Trends es gerade in Bezug auf die Wertpapiere gibt. Diese Strategie kann für alle Produkte und Märkte eingesetzt werden. Es ist egal, ob du dich auf Wertpapiere, Aktien, Rohstoffe oder auf Kryptowährungen konzentrierst. In allen Bereichen und bei allen Produkten sind bestimmte Trends erkennbar, auf die sich ein genauerer Blick lohnt. Hierbei ist es unerlässlich, dass du die Kursverläufe im Blick hast und nach einem klaren Aufwärtstrend suchst. Die Bewegungen bei den Kursen müssen entsprechend stark sein, damit ein Trend erkennbar ist, bei dem sich ein Kauf tatsächlich lohnt. Achte darauf, dass über Stunden oder vielleicht sogar Tage hinweg ein Trend nach oben hin erkennbar ist. Nur dann sollten Einsteiger die Wertpapiere, die Devisen oder die Rohstoffe wirklich kaufen.

Es gibt sogar unter den vielen Börsenweisheiten einen Spruch, der besagt, dass ein Trend dein Freund ist („The trend is your friend"). Da ist viel Wahres dran, sodass es sich beim Traden immer wieder auszahlen kann, den Trends zu folgen und sich diese gründlicher anzusehen. Es muss schließlich nicht immer eine sehr komplizierte Strategie sein, die zum Erfolg führt. Das zeigt die Strategie der Trendfolge auf sehr schöne Weise. Entscheidend ist hier jedoch, dass du zum richtigen Zeitpunkt kaufst und verkaufst, damit ein Gewinn erzielt werden kann. Für Anfänger ist es teilweise nicht ganz einfach, diesen Zeitpunkt wirklich abzupassen. Unmöglich ist es aber natürlich nicht, daher solltest du die Kursverläufe einfach gut im Blick behalten, damit du merkst, wann ein Kauf ideal ist. Kleine Veränderungen der Kurse sind ebenso wesentlich wie große: Natürlich machen es einem große Veränderungen von Stunde zu Stunde oder innerhalb mehrerer Tage noch einfacher, die Produkte zu kaufen. Es ist allerdings ebenso wichtig, dass du den kleinen Veränderungen genug Beachtung schenkst, da diese natürlich ebenfalls von Bedeutung sind.

Zur besseren Verdeutlichung dieser Strategie möchte ich dir ein Beispiel mitgeben, welches dir zeigen kann, in welche Richtung die Trendfolge geht. Nehmen wir einmal eine Aktie als Beispiel, vielleicht die aktuell so beliebte Aktie von Zoom, der App für Videoanrufe. Die Aktie liegt heute bei über 300 Euro pro Stück, doch gehen wir einmal davon aus, dass du zum Zeitpunkt des Trends, also der starken Aufwärtsbewegung, gekauft hättest. Du hast festgestellt, dass die Aktie sich über den Zeitraum von 1 Woche hinweg stark entwickelt hat und an einem Montag schon bei 50 Euro lag. Zum gleichen Zeitpunkt in der Vorwoche waren es noch 46 Euro gewesen, sodass der Kurs um 4 Euro angestiegen ist. Du kaufst an dem Montag zu einem Kurs von 50 Euro pro Aktie, da du durch den erkennbaren Trend mit einer weiteren Steigerung rechnest. Für 500 Euro kaufst du 10 Aktien ein. Du hast Glück und an dem einen Tag steigt der Kurs um ganze 2 Euro auf 52 Euro pro Aktie an. Damit hättest du einen Gewinn von 20 Euro gemacht, wenn du jetzt direkt wieder verkaufst.

Natürlich klingen 20 Euro nicht nach viel Geld und es wird auch nicht ständig passieren, dass du einen Kursanstieg von satten 2 Euro in wenigen Stunden erleben wirst. Bedenke, dass beim Daytrading oft mit kleineren

Kursanstiegen gerechnet wird. Daher wären 2 Euro Steigerung pro Aktie schon ein sehr großer Erfolg. Wobei es bei einem Blick auf die Tageshochs und -tiefs von Aktien teilweise Schwankungen von bis zu 5 Euro geben kann! Hier hängt es davon ab, ob von allgemeinen Schwankungen die Rede ist oder ob speziell die Anstiege der Kurse gemeint sind. Denn die täglichen Veränderungen der Kurse sinnvoll zu nutzen, ist in jedem Fall schwieriger, als sich Trends anzuschauen. Bei der Trendfolge ist zudem die Wahrscheinlichkeit eines Verlusts etwas geringer, sodass diese Strategie im Besonderen bei Anfängern eine gewisse Grundsicherheit ermöglicht. Bleiben wir nun bei dem genannten Beispiel. Stelle dir vor, dass dein Kapital zum Traden 1.000 statt 500 Euro beträgt. Dann hättest du in kurzer Zeit einen Gewinn von 40 Euro gemacht, bei 2.000 Euro sogar in Höhe von 80 Euro. Natürlich erfordert es schon eine gewisse Überwindung, hierfür 1.000 Euro, 2.000 Euro oder noch mehr Geld einzusetzen, um die Aktien zu kaufen. Schließlich kannst du genauso gut Verluste machen. Ein Gewinn ist dir nie sicher, selbst bei einer sehr guten Strategie wie der Trendfolge nicht.

Diese noch immer verhältnismäßig geringen Gewinne sorgen dafür, dass viele Daytrader auf andere Weise arbeiten. Die Rede ist wiederum von Hebeln, da es ohne diese auf Dauer schwierig wird, höhere Gewinne zu erzielen. Nehmen wir einmal an, du hättest eine Summe von 500 Euro von deinem eigenen Geld und einen Hebel von 1:10 genutzt. Damit hättest du dir Geld geliehen und tatsächlich für 5.000 Euro Aktien gekauft, was zu einem Gewinn von 200 Euro statt 20 Euro geführt hätte. Das eigene eingesetzte Kapital ist zwar nicht höher als zuvor, allerdings setzt du durch die Hebelwirkung und das geliehene Geld in Realität mehr Geld ein. Die Gewinne steigen, das Risiko ebenfalls und du siehst schnell, warum einige Daytrader hunderte von Euros in wenigen Minuten machen können. Mit einem relativ normalen Startkapital von 500, 1.000 oder 2.000 Euro ist das jedoch kaum möglich. Denn selbst bei einem Gewinn von 5 Euro pro Aktie hättest du bei 500 Euro Einsatz nur 50 Euro Gewinn gemacht, bei 1.000 Euro 100 Euro und erst bei 2.000 Euro 200 Euro. Diese Zahlen wurden vor allem zur Veranschaulichung genannt, damit du nicht nur die Strategie besser nachvollziehen kannst, sondern auch ein Gefühl für die Gewinnchancen bekommst. Die Verdienstmöglichkeiten beim Daytrading hängen daher stark vom eingesetzten Kapital ab und nicht nur von der Strategie, vom Wissen oder von der Disziplin beim Traden – wobei natürlich stets die einzelnen Faktoren zusammenspielen und im besten Fall zum Erfolg führen.

Hierbei handelt es sich weder um eine Empfehlung für einen Kauf noch um reale Zahlen, sondern einzig und allein um ein hypothetisches Beispiel, welches dir die Möglichkeiten dieser Strategie verdeutlichen soll. Es hätte genauso gut sein können, dass jede Aktie nur 30 oder 50 Cent Gewinn gemacht hätte. Außerdem müssen anfallende Gebühren für den Kauf und Verkauf von Wertpapieren ebenfalls beachtet werden, da es natürlich nicht kostenlos ist, an der Börse zu handeln.

Das sollte dir beim Bedenken der möglichen Gewinne immer bewusst sein.

3. Scalping – Kleinste Gewinne aus dem Kuchen schneiden

Die schwierigste der drei genannten Strategien ist das sogenannte „Scalping", womit du aus diesem Grund möglichst erst nach einigen Übungstrades beginnen solltest. Schließlich lässt sich jede Strategie mit einem Demokonto bis zu einem gewissen Punkt erproben und durchspielen. Hinter dem Scalping verbirgt sich eine Strategie, bei der sehr viele kleinere Gewinne angestrebt werden. Daytrader, die sich dem Scalping widmen, schneiden sich viele kleine Gewinne aus dem Markt heraus und führen eine Vielzahl von Trades durch.

Der Vorteil bei dieser Strategie besteht darin, dass aus den vielen kleinen Summen letztlich größere Beträge entstehen. Der Nachteil ist ganz klar der Zeitfaktor, da es sehr zeitintensiv ist, so viele Trades mit jeweils kleinen Gewinnen abzuschließen. Dafür sind große Verluste eher unüblich, da ja geringe Summen eingesetzt werden, die jeweils zu geringen Verlusten führen würden. Das Tempo ist bei dieser Form des Tradings besonders hoch. Es wird schnell gehandelt, damit die gewünschten kleinen Gewinne erzielt werden können.

Vor allem Anfänger warten bei einem Trade gern, wenn sich dieser in der Verlustzone bewegt. Die Skrupel, den Trade dann zu schließen, sind besonders hoch, da weiterhin auf einen steigenden Kurs gehofft wird, der einen Gewinn mit sich bringen würde. Das wird im Normalfall nicht passieren. Besonders bei der Aussicht auf geringe Gewinne beziehungsweise auf Verluste ist es noch notwendiger als sonst, einen Trade schnell zu schließen, um nicht weiter zu warten. Das kostet Überwindung und setzt voraus, dass man gelernt hat, einen Verlust zu akzeptieren. Denn beim Scalping stehen viele geringe Verluste den Gewinnen gegenüber. Wenn du lange wartest, um den Trade zu schließen, wird sich das in jedem Fall negativ auf deine Zeit auswirken und dir am Ende auch nicht mehr Geld einbringen.

Die Besonderheit beim Scalping besteht darin, dass Daytrader dabei einen Gewinn von weniger als zehn Pips anstreben. Bei einem Pip handelt es sich um einen Prozentsatz in Punkten, der sich auf die Nachkommastellen bei den Kursen bezieht. „Pip" ist die Abkürzung von *price interest point* oder *percentage in point*. Der für Daytrader entscheidende Wert bezieht sich auf die vierte Nachkommastelle bei dem Kurs, nicht auf eine der vorherigen Nachkommastellen. Im Normalfall werden die Kurse von sämtlichen Devisen und Wertpapieren sogar mit fünf Nachkommastellen angegeben, sodass also die vierte Stelle nach dem Komma in der Regel exakt verfolgt werden kann. Da die Kurse im Laufe eines Tages oft geringfügig schwanken, ist es für Daytrader notwendig, die einzelnen Nachkommastellen genau zu betrachten. Die kleinsten Änderungen, wenn zum Beispiel die vierte Nachkommastelle um einen Punkt nach oben oder unten schwankt, sind beim Scalping von großer Bedeutung, da sich Daytrader bei dieser Strategie mit den kleinen Veränderungen der Kurse befassen.

Wichtig wäre hier noch, dass bei Devisen von einem Pip die Rede ist und bei Aktien mit einem Tick genau die gleiche Veränderung der Nachkommastelle gemeint ist. Das ist sicherlich hilfreich beim genaueren Verständnis dieser Kursveränderungen, da beim DAX weder von Pip noch von einem Tick gesprochen wird, sondern von einem Punkt. So hat jeder Markt bis zu einem gewissen Punkt seine eigene Sprache vorzuweisen. Wer die wichtigsten Begriffe kennt, findet sich hier entsprechend leichter zurecht.

Nehmen wir einmal an, dass du mit dem Währungspaar Euro und US-Dollar handeln möchtest. Ein Euro war vielleicht zum Zeitpunkt deines Kaufs 1,1911 Dollar wert. Einige Minuten später ist der Kurs auf 1,1916 gestiegen. Dabei handelt es sich um einen Anstieg von fünf Pip, da die vierte Nachkommastelle um fünf Punkte gestiegen ist. Wenn der Kurs fünf Minuten nach deinem Kauf nur noch 1,1910 beträgt, ist der Kurs um einen Pip gesunken. Obwohl dieses Prinzip gut verständlich ist, muss beim Scalping bei jedem Trade aufgepasst werden.

Sinnvoll ist diese Strategie, wenn die Entwicklung der Märkte von dir verstanden wird und viele kleine Gewinne eingefahren werden, da dann insgesamt eine größere Gewinnsumme entsteht. Stelle dir einmal vor, du hättest 100 Mal auf das Währungspaar Euro und Dollar gesetzt und hierbei je fünf Pip Gewinn erzielt. Das wären ja nur 0,05 Euro gewesen. Selbst bei 1.000 Mal würden hier lediglich 0,5 Euro Gewinn erzielt werden. Bei 10.000 Mal wären es 5 Euro. 10, 20 oder 50 Trades am Tag wären dann schon erforderlich, damit ein lohnender Gewinn erzielt wird. Außerdem ist es hierbei Voraussetzung, entweder über ausreichend Kapital zu verfügen oder mit Hebeln zu arbeiten. Durch Hebel lässt sich die Wirkung auch bei dieser Strategie deutlich verstärken. Wer sich sehr gut auskennt, kann ohne Frage über den Tag, die Woche oder den Monat verteilt hohe Gewinnsummen erzielen.

Natürlich gibt es neben den genannten Strategien noch viele weitere, die vielleicht für erfahrene Daytrader von Interesse sein könnten. Hierzu gehört beispielsweise das oft empfohlene „Reversal Trading“, bei dem du exakt entgegen der aktuellen Trends handelst. Für Einsteiger sind aber diese und andere Strategien weniger interessant, da eine der drei oben genannten Strategien schon für sehr gute erste Ergebnisse sorgen wird. Außerdem würden die weiteren Strategien, die es so gibt, anfangs alles eher komplizierter machen.

Es ist nicht besonders hilfreich, sich mit zehn verschiedenen Strategien vertraut zu machen, am Ende jedoch mit keiner davon richtig arbeiten zu können. Aus diesem Grund habe ich mich bewusst auf einige wenige Optionen konzentriert, um es insgesamt etwas leichter und verständlicher für dich zu machen. Sicherlich hast du dir schon überlegt, ob es zusätzlich zu den genannten Strategien weitere Punkte gibt, die du beim Trading beachten solltest. Bestimmte Einstiegs- oder Ausstiegssignale beispielsweise, um mit mehr Sicherheit zu wissen, wann du kaufen und verkaufen solltest. Tatsächlich sollten sowohl der Zeitpunkt für einen Einstieg als auch für einen Ausstieg gut gewählt werden. Hier hilft es ohne Frage, die Kursverläufe zu beobachten und sich dann für einen Moment des Handelns zu entscheiden.

Ich würde dir den Einstieg mit der Trendfolge oder der Breakout-Strategie empfehlen. Beginne also nicht direkt mit dem Scalping – es kommt erstmal eher darauf an, sich das Leben leichter zu machen, anstatt es zu verkomplizieren.

Für Einsteiger ist es einfacher, sozusagen auf den fahrenden Zug aufzuspringen. Es gibt zwar die Möglichkeit, bei einem Abwärtstrend einzusteigen, das ist aber gerade zu Beginn nicht zu empfehlen. Kaufe dann, wenn du siehst, dass die Kurse sich nach oben bewegen, und beachte die Handelszeiten. Verkaufe außerdem immer dann, bevor die Kurse sich wieder zu stark nach unten bewegen. Sollte sich der Kurs allerdings so bewegen, dass du einen Verlust erzielt hast, ist es besser, genau jetzt zu verkaufen und gar nicht mehr zu warten, bis alles nur noch schlimmer wird.

Tatsächlich gibt es jeden Tag immer drei bedeutsame Ereignisse für Trader, zu denen sehr viele Veränderungen der Kurse stattfinden und neue Trends entstehen. Es handelt sich dabei um einen Zeitraum, also um Handelszeiten, die von besonderer Bedeutung sind. Nicht zu unterschätzen ist bei diesen Zeiten die Tatsache, dass dann sogar die Konditionen der Broker verbessert werden. Die Handelskosten sinken zu diesen Hauptzeiten und steigen am Ende eines Handelstages wieder an. Das ist eine wesentliche Hintergrundinformation, da du dadurch Kosten einsparen und deine

Chancen auf Gewinne erhöhen kannst. Zu den wichtigen Handelszeiten gehört der Tagesstart in Asien, zu dem die Börse in London noch einmal Volumen in die Kurse bringt und die Börse in New York den Abschluss macht. Es handelt sich um die Zeit von 8 bis 9 Uhr mitteleuropäische Zeit. Achte also gerade zu Beginn darauf, dass du bei den guten Trends zu den entsprechenden Zeiten kaufst und wieder verkaufst.

So steigen deine Chancen, hohe Gewinne zu erzielen und dir einen tatsächlichen Verdienst zu sichern. Bedenke dabei aber, dass Verluste beim Trading stets mit dazugehören, und vergiss dies nie!

KLASSISCHE ANFÄNGERFEHLER: DARUM SCHEITERN VIELE DAYTRADER

Es ist wie gesagt nicht immer einfach, mit dem Daytrading tatsächlich Geld zu verdienen. Der Grund dafür ist, dass Daytrading eher zu den komplizierten Geschäften gehört, die an der Börse getätigt werden können. Unmöglich ist aber definitiv nichts, da du vor allem das entsprechende Wissen rund um das Thema „Daytrading", passende Strategien und die richtige Methode zum Einsteigen benötigst. Einsteiger begehen immer wieder die typischen Anfängerfehler, die zum Scheitern führen können und häufig mit dem Verlust von recht viel Geld einhergehen. Damit dir diese typischen Fehler nicht passieren, findest du nachfolgend die typischen Anfängerfehler, die du unbedingt vermeiden solltest, um erfolgreich als Daytrader durchzustarten:

1. Der richtige Start – das Demokonto

Ja, es gibt genug Profis oder Mentoren, die ein Demokonto nur verächtlich betrachten und dazu raten, sofort mit dem eigenen Geld zu beginnen, weil das Gefühl in einer realen Situation ganz anders ist, wenn das eigene Geld wirklich auf dem Spiel steht. Dagegen ist nichts einzuwenden, doch ich möchte mich an dieser Stelle für den Start mit einem Demokonto aussprechen, um die Märkte, die Möglichkeiten und die Gefahren besser einschätzen zu lernen. Denn beim Daytrading gilt wie in vielen anderen Bereichen der Grundsatz, dass Übung den Meister macht. Die einzige Möglichkeit, ohne Gefahr und vor allem ohne mögliche Verluste zu üben, ist die Verwendung eines Demokontos.

Ein Demokonto hält das, was der Name schon verspricht, und ermöglicht es dir, zu üben und die Abläufe auszuprobieren, ohne dabei echtes Geld zu verwenden. Vielleicht lässt sich der Einsatz am einfachsten mit Spielgeld vergleichen, bei dem du die Märkte so nutzen kannst, wie es ebenfalls in

Realität der Fall wäre. Lediglich echte Gewinne oder Verluste sind hier ausgeschlossen, da es ja nicht dein richtiges Geld ist, welches du verwendest. Die meisten seriösen Anbieter ermöglichen dir die Einrichtung eines Demokontos, mit dem du anfangen und üben kannst. Die Wahrscheinlichkeit, dass du in der Anfangszeit hohe Verluste erleidest, kannst du mit einem Demokonto zwar nicht ganz ausschließen, jedoch deutlich verringern.

Richte dir daher ein Demokonto ein und übe, bis du dich sicher genug fühlst, um echtes Geld einzusetzen. Der psychologische Effekt ohne vorherige Verwendung eines Demokontos ist schließlich auch nicht zu unterschätzen, da mit jedem Verlust die Motivation sinkt weiterzumachen. Im Idealfall versuchst du dich erst einmal an einigen Trades, bevor du von dem Demokonto auf das normale Konto mit echtem Geld umschwenkst. Stelle dich außerdem darauf ein, dass du in der Anfangszeit viel lernen musst und es Gewinne ebenso wie Verluste geben wird. Selbst wenn es sich bei einem Demokonto nicht um eine reale Situation handelt, kommt diese Situation der Realität so nahe, dass sich dabei ein Lerneffekt ergibt. Die Bedingungen für ein Demokonto werden übrigens bei jedem Anbieter erklärt, sodass es sich lohnt, sich diese anzusehen und sich dann entsprechend für einen Anbieter zu entscheiden.

2. Heiße Tipps immer ignorieren

Wenn es schon an der Börse heiße Tipps für den „normalen“ Kauf von Wertpapieren und Co. gibt, dann ist es beim Daytrading noch extremer. Jeder vermeintliche Experte will einem empfehlen, was sofort gekauft werden sollte und worin der große Geheimtipp besteht. Dabei handelt es sich beim Daytrading um ein sehr schnelllebiges Geschäft, bei dem es kaum möglich ist, Tipps zu veröffentlichen, die tatsächlich in mehreren Stunden oder Tagen noch immer gültig sind. Daher ist es von enormer Wichtigkeit, nie auf heiße Tipps zu vertrauen, sondern immer selbst zu recherchieren, sich das nötige Wissen anzueignen und im Anschluss eine Entscheidung zu treffen. Wer auf heiße Tipps der vielen Experten hört, die scheinbar alle mit dem Daytrading reich geworden sind, wird sich mit großer Wahrscheinlichkeit auf Verluste einstellen müssen.

Du solltest dich selbst darüber informieren, wie genau die einzelnen Trades ablaufen, wie die Märkte zu verstehen sind und welches Potenzial hier vorhanden ist. Je mehr Wissen du über Märkte, Trades und die jeweilige Vorgehensweise hast, desto erfolgreicher wirst du sein. Dabei sollte dir bewusst sein, dass die wirklich erfolgreichen Daytrader wohl eher die eigenen Tipps umsetzen und es schon zu spät ist, ihnen nachzueifern, wenn die entsprechenden Artikel veröffentlicht wurden. Egal, wie verlockend es daher ist: Halte an deiner Strategie fest und beschäftige dich nicht näher mit heißen Tipps. Bei der langfristigen Investition in Wertpapiere an der Börse ist das etwas anderes, da sich dort gute Tipps wirklich auszahlen können.

3. Disziplin einhalten

Beim Daytrading spielt Disziplin eine große Rolle, damit die Trades gezielt angegangen werden und nicht zu hohen Verlusten führen. Diese Disziplin bezieht sich auf verschiedene Bereiche, zu denen unter anderem das Einhalten einer bestimmten Strategie und die Nutzung von festen Tageszeiten für das Traden gehören. Doch darüber hinaus solltest du noch Buch über jeden einzelnen Trade führen, den du ausführst, damit keiner vergessen wird.

Der Grund für diese Form der Dokumentation ist unter anderem der Lerneffekt, den du daraus ziehen kannst. Schließlich wirst du aus einem Gewinn ebenso wie aus einem Verlust etwas lernen können und stellst mit der Zeit fest, dass deine Trades besser oder weniger gut funktionieren. Achte daher darauf, nicht einfach irgendwie vorzugehen, sondern bleibe diszipliniert, damit du alle Aktionen nachvollziehen kannst. Mir persönlich hilft dabei ein Notizbuch zur Dokumentation der einzelnen Trades. Zugegeben, etwas altmodisch, da es dafür heutzutage natürlich Apps oder zumindest Computerprogramme gibt. Doch da ich genauso bei Wertpapieren vorgegangen bin, fällt es mir auf diese Weise leichter, die Übersicht zu behalten.

Letztendlich ist es gar nicht so entscheidend, auf welche Weise du deine

Trades dokumentierst. Die Hauptsache ist eher, dass du es nicht vergisst und daran denkst, stets deine Käufe, Verkäufe sowie die jeweiligen bestehenden Rahmenbedingungen festzuhalten. Je eher du es schaffst, diszipliniert mit dabei zu sein und ebenso zu handeln, desto eher werden sich erste Erfolge einstellen. Führe Buch und achte darauf, dass du die einzelnen Trades dokumentierst und dabei keinen vergisst.

Außerdem lohnt es sich, immer an Strategien festzuhalten, die eingesetzte Summe beim Traden nicht zu übertreiben und sich immer gründlich über alle Neuerungen zu informieren. Der Bereich Disziplin ist beim Daytrading schon recht umfangreich, doch es lohnt sich, hier ein wenig mehr aufzupassen. Wer einfach in den Tag hinein handelt, wird vermutlich recht schnell die negativen Konsequenzen zu spüren bekommen.

Hier fällt wieder einmal der Unterschied zwischen Traden und Glücksspiel auf, obwohl beide Formen der Gewinnmöglichkeiten oft im ersten Moment gleichgesetzt werden. Schließlich ist Disziplin beim Glücksspiel sicherlich nicht erforderlich.

4. Feste Tageszeiten zum Handeln nutzen

Dieser Tipp ist nicht unbedingt für diejenigen geeignet, die sich in Vollzeit dem Daytraden widmen möchten. Vielmehr geht es bei diesem Punkt um alle, die erst einmal in Teilzeit handeln wollen und sich ein Nebeneinkommen aufbauen möchten, bevor dieses vielleicht in der Zukunft einmal ausgebaut wird. In einem solchen Fall macht es Sinn, immer zu festen Zeiten zu handeln und sich allein auf diese Zeiten zu konzentrieren. Das verhindert außerdem, dass du dich selbst zu sehr stresst, weil du sonst jederzeit bereit wärst zu traden.

Reduziere von Anfang an diese Handelszeiten und achte beispielsweise darauf, dass du abends stets für ein bis zwei Stunden handelst. Die genaue Dauer deiner Arbeit kannst du natürlich für dich selbst festlegen, doch da es sich beim Traden um eine echte Arbeit handelt, ist eine Begrenzung der Arbeitszeit unerlässlich. Sonst kann es sehr schnell passieren, dass du nichts anderes mehr machst als zu handeln und gar nicht mehr zur Ruhe kommst.

Denn einen gewissen Suchtfaktor bietet der Handel mit Wertpapieren, Devisen und Rohstoffen in jedem Fall. Daher macht es Sinn, dem frühzeitig vorzubeugen und sich selbst Zeitfenster zu setzen, die für das Traden genutzt werden. Falls du von 18 bis 19 Uhr täglich traden willst, solltest du diese Zeiten möglichst einhalten und nicht ständig überziehen.

5. Stop-Loss-Order einbauen

Bereits im Kapitel „Mindset" hast du beim Risikomanagement mehr über die besonders für Einsteiger nützliche Stop-Loss-Order erfahren. Da diese Option das Risiko beim Traden enorm senken kann, möchte ich dir empfehlen, diese Möglichkeit zu nutzen und deine Verluste damit zu begrenzen. Dauerhaft ist die Stop-Loss-Order sicherlich nicht die perfekte Strategie beim Daytraden, da auf diese Weise ebenfalls mögliche Gewinne verloren gehen beziehungsweise von Anfang an verhindert werden. Insgesamt handelt es sich dabei aber um eine Möglichkeit, einen vollständigen Verlust des eingesetzten Kapitals zu verhindern. Mit dieser Order setzt du von Anfang an eine Untergrenze fest, unter die der jeweilige Kurs nicht fallen soll. Fällt der Kurs der Wertpapiere jedoch unter diese gesetzte Grenze, werden die Wertpapiere abgestoßen. Verluste können also nur bis zu der gesetzten Untergrenze entstehen, sodass ein Komplettverlust des eingesetzten Kapitals ausbleibt.

Bei diesem Punkt ist es hilfreich zu wissen, wo genau du die Untergrenze für den jeweiligen Kurs setzen solltest. Dafür lohnt es sich am ehesten zu rechnen, damit du die möglichen Verluste auf diese Weise gut im Blick hast. Du solltest aber ebenfalls bedenken, dass die Kurse an der Börse den ganzen Tag über fallen und wieder steigen können. Nicht selten steigen die Kurse nach einem Absturz wieder und erreichen vielleicht sogar ein Tageshoch, bei dem du definitiv Gewinne erzielt hättest. Das lässt sich vorher nicht genau sagen. Für den Anfang lohnt es sich dennoch, eine Stop-Loss-Order zu setzen, trotz des Risikos, dass Gewinne verpasst werden. Mit zunehmender Erfahrung kannst du mehr und mehr darauf verzichten und wirst feststellen, dass die Gewinnmöglichkeiten dann ebenfalls ansteigen. Das ist unter anderem ein Grund dafür, warum viele Trainer und erfahrene Daytrader empfehlen, diese Option gar nicht erst zu nutzen. Hier kommt es auf deine persönliche Einstellung sowie auf dein Bedürfnis von Sicherheit an, welches natürlich sehr schwach ausgeprägt sein kann.

6. Eine Strategie konsequent umsetzen

In diesem Buch hast du bereits mehr über einige beliebte Strategien erfahren, die sich sehr gut für Einsteiger in die Welt des Daytradens eignen. Entscheidend ist, sich nicht nur die einzelnen Strategien anzusehen, sondern sich auch für eine zu entscheiden und diese im Anschluss ganz konsequent umzusetzen. Viele Einsteiger neigen dazu, zwischen einzelnen Strategien zu wechseln, weil oft gar nicht so schnell Ergebnisse sichtbar sind. Aber nur, weil bei einer Strategie einige Verluste eingefahren wurden, heißt es noch nicht, dass es sich um eine schlechte Vorgehensweise handelt. Oft kannst du aus der negativen Entwicklung etwas für das nächste Mal lernen, zum Beispiel dass du hättest vielleicht ein wenig anders vorgehen können, um den größtmöglichen Erfolg aus der Strategie herauszuholen.

Es bringt dir daher wenig, wenn du dich schnell entmutigen lässt und ständig zu anderen Strategien greifst. Entscheide dich daher für eine Vorgehensweise, bleibe dabei und lerne stetig weiter, um die auftretenden Fehler in der Zukunft zu vermeiden. Wenn du Strategien stets konsequent verfolgst und aus jedem einzelnen Handel lernst, wirst du Erfolge erzielen, die ein häufiges Wechseln zwischen verschiedenen Strategien wenig sinnvoll erscheinen lassen.

7. Mit einer Rücklage einsteigen – nicht mit hohen Hebeln

Es ist natürlich sehr verlockend, schnell das große Geld zu machen und mehrere hundert Euro innerhalb von Minuten oder sogar Sekunden zu verdienen. Das verleitet vor allem viele Anfänger durch die Hoffnung auf hohe Gewinne dazu, dass sie mit Geld einsteigen, was sie gar nicht haben oder welches ihnen in nur einer Woche oder in einem Monat fehlen wird. Noch fataler kann sich das bei dem Einsatz eines Hebels auswirken, besonders wenn dieser von Anfängern genutzt wird. Der Grund dafür ist, dass du, wie schon vorher in diesem Buch erklärt, bei Hebeln kurzfristige Kredite, das heißt Geld nutzt, welches du in Wahrheit gar nicht hast. Vielleicht denkst du dir jetzt, dass doch genau darin der Sinn von Hebeln besteht. Doch in der Realität handelt es sich bei der Verwendung von reizvollen Hebeln oft um einen klassischen Anfängerfehler, der sich im Anschluss als großes Problem herausstellen kann.

Natürlich gehören Hebel beim Daytrading ab einem gewissen Punkt mit dazu. Schließlich ist es ohne diese Vorgehensweise nur schwer möglich, ausreichend Kapital zur Hand zu haben, um wirklich hohe Gewinne zu erzielen. Das sollte dir bewusst sein, da du mit 100 Euro eingesetztem Kapital zwar weiterkommen kannst, es jedoch sehr lange dauern wird. Dennoch ist die Verwendung von Hebeln für Anfänger nicht die beste Option, da das Risiko hier stark ansteigt. Informiere dich aus diesem Grund sehr umfassend über Hebel und finde für dich heraus, ob du mit der Zeit dieses Risiko wagen würdest – oder ob du es lieber lassen möchtest. Das kann schließlich jeder Daytrader für sich selbst herausfinden.

Starte daher im Idealfall mit einer Rücklage und handle am Anfang mit Geld, welches du nicht unbedingt brauchst. Nehmen wir einmal an, du hast 5.000 Euro auf einem Konto zur Seite gelegt, quasi als eiserne Reserve, die du in diesem Moment nicht unbedingt benötigst. Davon könntest du dir dann Geld nehmen, welches du auf sinnvolle Weise investierst.

Ob du von dieser Reserve 1.000, 2.000 oder doch nur 500 Euro nimmst, ist dabei dir selbst überlassen, da schließlich jeder Mensch ein anderes Sicherheitsbedürfnis in Bezug auf Rücklagen aufweist. So oder so handelt es sich bei diesen Beträgen um den perfekten Einstieg in die Welt des Daytradens. Die Angst vor einem Verlust dieser Beträge ist sicherlich vorhanden, aber nicht so groß, wie es beim Einsatz eines Hebels der Fall wäre.

Deshalb ist es empfehlenswert, erst einmal mit Rücklagen zu beginnen und zu üben, bevor du dich an den Handel mit dem Einsetzen von Hebeln wagst. Dadurch sinkt das Risiko, sehr hohe Verluste zu machen, und es fühlt sich zudem angenehmer an, als sogleich mit dem Anhäufen von Schulden zu beginnen.

8. Das Geschäft genau nachvollziehen können

Beim Daytraden solltest du möglichst genau wissen, was du gerade tust und warum du es tust. Sonst kann es schnell passieren, dass dir aus Unwissenheit Fehler passieren und du Verluste in Kauf nehmen musst, weil du dich nicht gründlich genug mit dem Geschäft beschäftigt hast. So etwas lässt sich allerdings sehr gut vermeiden, wenn du frühzeitig dafür sorgst, dass du verstehst, worum es in dem Geschäft oder eben bei dem jeweiligen Markt geht. Fällt es dir beispielsweise eher schwer, dich in den Handel mit Aktien oder Rohstoffen einzudenken, dann fallen dir vielleicht Geschäfte mit Währungen und Wechselkursen leichter, um nur eine Option zu nennen. Es geht vor allem darum, dass du dich mit dem Markt, auf dem du handeln möchtest, bis zu einem gewissen Punkt auskennst. Je besser du weißt, wo dein Geld steckt, desto eher kannst du die Geschäfte nachvollziehen und hast die Möglichkeit, entsprechend zu reagieren. Auch heiße Tipps und große Versprechungen können dich nicht mehr so leicht hereinlegen, wenn du weißt, worum es geht.

9. Nur in guter Verfassung handeln

Mehrfach hast du schon in diesem Buch gelesen, dass deine psychische Verfassung beim Daytrading von großer Bedeutung ist. Das bedeutet, dass du nur in guter Verfassung handeln solltest und nicht dann, wenn du dich schlecht, nervös, gereizt oder sehr ängstlich fühlst. Wer in schlechter mentaler Verfassung einen Trade abschließt, riskiert dabei, dass dieser nicht funktioniert wie erhofft und mit einem schlechten Ergebnis verbunden ist. Ein Verlust ist dann sehr schnell möglich und es macht Sinn, den Handel so lange zu verschieben, bis man sich wieder besser fühlt.

Analytisches Denken, eine passende Einschätzung der Situation und ein klarer Blick auf alle Vorteile und Nachteile eines Trades sind für einen Daytrader eben enorm wichtig und führen erst zum Erfolg. Prüfe daher jedes Mal vor dem ersten Trade des Tages deine Verfassung und sei so ehrlich wie möglich zu dir selbst. Auf diese Weise kannst du verhindern, in einem schlechten Zustand mögliche Fehleinschätzungen zu treffen, die am Ende nur zu Enttäuschung und zu Verlusten führen.

10. Auch mal loslassen können

Der Tipp an dieser Stelle ist sicherlich nicht der unwichtigste für alle, die sich neu als Daytrader versuchen. Es geht darum, auch mal loslassen zu können und sich in diesem Zusammenhang nicht an einem Trade verzweifelt festzuhalten, der zum Scheitern verurteilt ist. Es gibt solche Trades immer wieder, die zwar vielversprechend aussahen, am Ende aber zu einem Verlust und eben nicht zum erhofften Gewinn führen. In einem solchen Fall ist es enorm wichtig, weder Zeit noch Energie in diesen Trade hineinzustecken, sondern besser loszulassen. Freunde dich von Anfang an mit dem Gedanken an, dass beim Daytrading Gewinne ebenso wie Verluste normal sind. Entscheidend ist dabei nur, dass die Gewinne überwiegen, und zwar so, dass sich die Mühe und die investierte Zeit wirklich lohnen. An einem einzelnen Posten festzuhalten, nur um zu hoffen, dass dieser sich doch noch positiv entwickelt, macht hingegen keinen Sinn. Je früher dir das bewusst ist und von dir umgesetzt wird, desto besser!

11. Overtrading – Zu viel ist zu viel!

Dieser Punkt hängt eng mit dem Tipp zusammen, dass beim Traden bestimmte Tageszeiten eingehalten werden sollten. Das bedeutet also, dass eben nicht ständig gehandelt werden soll. Es gibt noch andere Dinge im Leben, die bedeutsamer sind, als sich jeden Tag über viele Stunden hinweg mit den Kursentwicklungen zu beschäftigen und unzählige Trades über den ganzen Tag verteilt abzuwickeln. Viele Anfänger neigen stark zum sogenannten Overtrading, wie das stundenlange Traden ebenfalls genannt wird. Dadurch leidet die Psyche, der Druck wird enorm groß und die Freizeit schrumpft immer mehr. Da die Chance auf das große Geld so verlockend ist, kann es sein, dass es einem am Anfang besonders schwerfällt, sich zurückzuhalten und nicht die ganze Zeit zu traden oder Kurse, einzelne Trades, Gewinne und Verluste zu betrachten – also übertrieben viel zu analysieren.

Natürlich ist es schon von Bedeutung, sich mit dem Trading zu beschäftigen und bestimmte Tageszeiten für den Handel an den Märkten zu blocken, damit dir das Erzielen von Gewinnen möglich wird. Wer zu viel handelt, riskiert, mit hohen Summen zu arbeiten und große Verluste zu erzielen, und schadet sich selbst damit am meisten. Auch das übertriebene Analysieren inklusive starker Selbstkritik im Falle verlorener Trades ist häufig bei Einsteigern zu beobachten. Ein solches Verhalten ist allerdings genauso schädlich. Analysiere Trades, ohne es zu übertreiben, und nutze selbst gewählte Zeiten für den Handel an den Märkten. Dadurch steigen deine Verdienstchancen und die psychische Belastung ist immer noch überschaubar.

12. Das Nachkaufen von Titeln

Ein klassischer Fehler vieler Einsteiger ist das Nachkaufen gleicher Titel. Das Risiko steigt auf diese Weise an und die Werte des Einstiegskurses werden verfälscht. Dadurch wird es dir schwerer fallen, den Trade später sinnvoll zu analysieren. Außerdem würde es nur Sinn machen, wenn ein Titel nachgekauft wird, der nach dem ersten Kauf einen Kursverlust vorzuweisen hat. In einem solchen Fall weißt du aber schon vor dem zweiten Kauf, dass es sich um einen risikoreichen Titel handelt. Ganz egal, wie groß die Verlockung ist oder wie positiv du den Titel einschätzt – ein Nachkauf sollte nicht getätigt werden. Schließe besser den einen Trade mit dem bereits gekauften Titel ab, sobald der Kurs wieder ansteigt. Wenn der Kurs nicht mehr steigt, steht trotzdem ein Verkauf an. Falls es sich am Ende um einen positiven Trade handelte, der zu Gewinn geführt hat, dann kannst du dich in Zukunft weiter darauf konzentrieren.

Nehmen wir einmal an, dass du in Kryptowährungen investiert hast und Bitcoins für 100 Euro gekauft hast. Hebel hast du dieses Mal nicht eingesetzt. Der Kurs sinkt knapp eine Minute nach dem Kauf unter den vorherigen Kurs und du bist versucht nachzukaufen, da du dir ganz sicher bist, dass der Kurs in den nächsten Minuten oder aber Stunden steigen wird. Das mag schon sein, da beim Bitcoin ein Aufwärtstrend aktuell deutlich erkennbar ist. Sicher ist es jedoch nicht, da der Kurs vielleicht genau heute am Tagesende geringer ist als am Anfang. An diesem Beispiel wird deutlich: In der Hoffnung auf den großen Gewinn entsteht oftmals das Gefühl, besser 200 oder 300 Euro anstatt der investierten 100 Euro einzusetzen. Doch es ist in jedem Fall besser, den Trade erst abzuschließen, möglichst noch einen Gewinn herauszuholen und eventuell am nächsten Tag erneut in den Bitcoin zu investieren. Dieses Beispiel gilt selbstverständlich für alle Produkte, in die im Rahmen des Daytradings investiert werden kann.

13. Alles oder nichts

Erneut kommen wir zu einem Aspekt des Risikomanagements: Daytrader setzen sehr oft auf alles oder auf nichts. Das bedeutet, dass das eigene gesamte Kapital bei den Trades riskiert wird, ohne dabei an die Folgen zu denken. Nur weil es sich beim Daytrading um ein potenziell riskantes und zugleich verlockendes Geschäft handelt, muss deshalb noch nicht alles auf eine Karte gesetzt werden. Dafür gibt es zur Eingrenzung des Risikos schließlich die Möglichkeit einer Stop-Loss-Order sowie Strategien, die eingehalten werden sollten. Achte daher darauf, es mit dem Risiko nicht zu übertreiben. Schließlich geht es beim Daytrading nicht darum, Wetten zu gewinnen oder sich wie beim Glücksspiel zu verhalten. Strategien, Disziplin und Analysen sind essenziell und können über Erfolg oder einen möglichen Misserfolg entscheiden.

14. Den Einstieg anvisieren – und den Ausstieg vergessen

Sowohl der Zeitpunkt des Kaufs als auch der des Verkaufs sind beim Daytrading von größter Bedeutung. Da es sich um den Handel in Echtzeit handelt, können einige Sekunden oder gar Minuten schon enorme Unterschiede ausmachen. Allerdings ist immer wieder zu beobachten, dass Daytrader alles auf den Einstiegszeitpunkt setzen und den Zeitpunkt für den

Ausstieg gar nicht weiter bedenken. Der Kurs kann schließlich zum Zeitpunkt des Kaufs so sein, dass er im Anschluss sinkt. Das ist nicht auszuschließen und es ist tatsächlich von Bedeutung, auf bestimmte Einstiegssignale zu achten.

Die professionellen Daytrader, die sich mit ihrem Geschäft ausgezeichnet auskennen, werden sich aber vor allem auf den Zeitpunkt des Ausstiegs konzentrieren. In einem Tradingplan sollte der Fokus daher besser auf dem Zeitpunkt zum Aus- und nicht zum Einsteigen liegen. Es steht fest, dass ein sehr gut gewählter Kaufzeitpunkt beim Daytraden nicht viel bringt, wenn der Verkauf zum falschen Zeitpunkt stattfindet. Schließlich schwanken die Kurse immer wieder, sodass ein guter Moment zum Verkaufen schnell verpasst werden kann. Es ist daher von Bedeutung, nicht nur die Einstiegssignale zu kennen, sondern sich auch mit den Ausstiegssignalen näher zu befassen.

15. Durch hohe Erwartungen Druck erzeugen

Gerade einschlägige Webseiten oder Coaches erzeugen das Gefühl, dass mit dem Daytrading extrem hohe Gewinne innerhalb von Sekunden möglich sind. Ja, Gewinne sind definitiv möglich und du kannst in Sekunden 100 Euro und mehr gewinnen – oder eben verlieren. Beide Möglichkeiten bestehen und es ist nicht sehr wahrscheinlich, dass du schon bald ein neues Auto oder Motorrad in der Garage stehen hast oder ab dem nächsten Monat durch nur zwei Tage Arbeit die hohen Kreditraten für das neue Eigenheim bezahlen kannst.

Selbst die besten Daytrader haben trotz ihres Erfolgs nicht solche hohen Erwartungen, auf die sie sich stützen. Zu hohe Erwartungen können sogar gefährlich sein, da diese meistens nicht erfüllt werden und für einen übertrieben großen Druck sorgen. Dieser Druck sorgt aber dafür, dass du keine wohlüberlegten Entscheidungen mehr treffen wirst, was ohne Frage sehr riskant ist und mit den entsprechenden Auswirkungen einhergeht. Wenn du hingegen mit angemessenen Erwartungen an das Daytrading herangehst, sind deine Gewinnchancen deutlich höher.

Außerdem kannst du dann nur positiv überrascht werden und willst sicherlich nicht nach einem verlorenen Trade alles wieder aufgeben. Mache dir darüber hinaus unbedingt bewusst, dass die Möglichkeiten in Bezug auf den Verdienst stets vom eingesetzten Kapital abhängen sowie natürlich von den möglicherweise eingesetzten Hebeln. Trotzdem würde ich Einsteigern niemals empfehlen, dass sie für einen möglichst großen Verdienst direkt ihre gesamten Ersparnisse einsetzen. Fange lieber klein an, freue dich über Gewinne und reduziere deine Erwartungen, was die Verdiensthöhe angeht. Dadurch wirst du dich nicht nur besser fühlen, sondern kannst sehr viel ruhiger und überlegter handeln.

Du hast nun gesehen, dass beim Daytrading einiges falsch gemacht werden kann. Ein negativer Eindruck soll an dieser Stelle aber nicht entstehen, da viele Chancen damit verbunden sind, wenn du kurzfristig an der Börse handelst. Ganz egal, ob du von dem Einkommen als Daytrader leben oder dir nur einen Nebenverdienst aufbauen willst, es lohnt sich, sich näher mit den vorhandenen Möglichkeiten zu beschäftigen. Entscheidend ist lediglich, die Trades überlegt, mit Strategie und überschaubaren Summen durchzuführen. Auf diese Weise kannst du dich immer weiter verbessern und schaffst es, dir einen Verdienst aufzubauen.

SCHLUSSWORT ZUM DAYTRADING

Beim Daytrading handelt es sich um eine besondere Form des Handelns an der Börse. Besonders ist der Tageshandel vor allem aufgrund der kurzen Zeitspannen, die zwischen Kauf und Verkauf liegen. Spezielle Produkte wie Derivate mit ihren Differenzgeschäften, Optionen und Futures machen das Daytrading anfangs teils schwer verständlich. Und ja, es ist ein recht hohes Risiko vorhanden. Dieses wird durch die Verwendung von Hebelprodukten noch erhöht. Trotzdem, oder vielleicht auch gerade deshalb, übt das Daytrading einen echten Reiz auf Anleger aus und verspricht bei richtiger Umsetzung ansprechende Gewinne.

Tausende von Euros innerhalb von wenigen Minuten zu verdienen, ist hier jedoch kein realistisches Ziel. Doch an einem Tag mehrere hundert Euros innerhalb von Minuten zu verdienen, ist eine Option, die viele erfahrene Daytrader umsetzen können. Überhaupt gehören Gewinne und Verluste beim Daytrading zusammen und dies sollte so akzeptiert werden. Entscheidend sind die richtige Strategie ebenso wie das entsprechende Bewusstsein rund um die bestehenden Risiken und Chancen. Je besser du die einzelnen Märkte und die Produkte kennst, in die du investieren willst, desto eher werden dir erfolgreiche Trades gelingen.

Starte im Idealfall mit der Einrichtung eines Demokontos, damit du üben kannst, bevor du mit echtem Geld startest. Es macht auf jeden Fall Sinn, sich in einen Markt und in einzelne Produkte besser einzuarbeiten, um dort zum Experten zu werden. Denn Daytrader, die sich nicht mit den Produkten auskennen oder bedeutende Nachrichten ignorieren, werden nicht sehr lange erfolgreich sein. Nach einigen Trades mit dem Demokonto kannst du mit Echtgeld starten – im besten Fall von Anfang an mit einem klaren Tradingplan und einer festen Strategie. Analysiere die getätigten Trades im Anschluss und lerne auf diese Weise immer mehr dazu.

Egal, ob du dir einfach nur nebenbei etwas dazuverdienen oder ob du vom Daytrading leben möchtest – in diesem Buch hast du die wichtigsten Grundinformationen für den Einstieg gefunden. Beginne sobald wie möglich und freue dich auf die Ergebnisse, die sich im Erfolgsfall tatsächlich sehen lassen können.

FAZIT

Die Welt der Börse wirkt im ersten Moment zu vielschichtig und fast so undurchsichtig wie ein Dschungel. Zumindest haben viele Einsteiger dieses Gefühl. Das vermeintlich hohe Risiko mit der Chance, schnell alles zu verlieren, hält zusätzlich von einer Investition ab. Dabei sind die Chancen auf Gewinne ebenfalls sehr hoch und es gibt gute Möglichkeit für den Einstieg als Börsenneuling. Empfehlenswert wären dann zum Beginn ETFs und vielleicht ein günstiger Aktienfond. Dadurch siehst du, welche Optionen du hast und kannst erst einmal in den Handel mit Wertpapieren eintauchen.

Du interessierst dich besonders für die Wirtschaft, für Trends und für Aufsteiger unter den Unternehmen? Oder möchtest vor allem durch jährliche oder quartalsweise erfolgende Dividenden Gewinne erzielen? Dann ist der Handel mit Einzelaktien eine spannende Angelegenheit. Dabei hängt es nur von dir selbst ab, ob du in Newcomer oder in alteingessene Unternehmen investieren willst. Die beschriebenen Beispiele zeigen deutlich, welche Chancen es gibt, wenn du die Entwicklung der Unternehmen verfolgst und rechtzeitig handelst.

Der kurzfristige Handel mit Wertpapieren, Rohstoffen und Devisen ist hingegen schon riskanter. Daytrading eignet sich für alle, die sich schon erfolgreich an ETFs und Einzelaktien probiert haben und mehr wollen. Aus diesem Grund ist dieses Buch in drei Teile unterteilt, die mit Einstiegsoptionen beginnen und sich dann langsam hin zu schweren Anlegeformen hin entwickeln. Die Chance auf ein langfristiges Vermögen bis hin zur Altersvorsorge ist damit genauso vorhanden wie ein kurzfristiges Nebeneinkommen mit dem Wertpapierhandel.

Ganz gleich womit du starten möchtest, kleine Summen ergeben auf lange Sicht ebenfalls ein Vermögen. Der Weg zur finanziellen Freiheit führt hier aber über Wertpapiere oder zumindest handelt es sich dabei um den einfachsten Weg, den du wählen kannst. Selbst mit 50 oder 100 Euro im Monat ergeben sich nach 30 oder 35 Jahren große Summen, die eine bequeme Altersvorsorge ergeben. Nur die Scheu vor dem Wertpapierhandel sollte hier noch etwas abgebaut werden.

Ich hoffe, dass dir dieses ausführliche Buch geholfen hat und dir die enthaltenen Informationen dabei helfen, langfristig erfolgreich zu investieren. Ganz egal, ob du dich vor allem auf sichere Optionen konzentrieren, auf volles Risiko gehen oder mit Einzelaktien und IPOs starten willst!

HAFTUNGSAUSSCHLUSS

URHEBERRECHT

IMPRESSUM

2021

1. Auflage

Kontakt: Mark Lipke, Kuhanger 9,31787 Hameln

Covergestaltung: B.M

Coverfoto: Deposit

Printed in Poland
by Amazon Fulfillment
Poland Sp. z o.o., Wrocław

77966167R10119